Peregrinus Syntax • Deutsches Reimlexikon

Peregrinus Syntax

Deutsches Reim Lexikon

BechterMünz
Verlag

Layout und Satz: MECO Buchproduktion, Dreieich
Belichtung: W. Geyer, Offenbach
Gesamtherstellung: May + Co., Darmstadt
Printed in Germany
ISBN 3 927117 68 4

Vorwort

Reimlexika gibt es bereits seit dem sechzehnten Jahrhundert, als italienische Gelehrte Gesamtdarstellungen sämtlicher Reime einzelner Dichter, wie z. B. Dantes oder Petrarcas, sammelten, um dem wissenschaftlichen Publikum das Studium der Werke dieser Dichter hinsichtlich ihrer sprachlichen Gestaltung zu erleichtern. Doch schon bald wurden in Frankreich und Italien, später auch in Deutschland, Reimlexika herausgegeben, die sich mit einem größeren Ausschnitt der jeweiligen Landessprache befaßten, sich also nicht mehr auf die Werke einzelner Dichter beschränkten, sondern eine möglichst breite Auswahl aus allen möglichen Reimen einer Sprache bieten wollten.

Auch das 1826 erstmals erschienene „Allgemeine deutsche Reimlexikon“ steht in dieser europäischen Tradition, und es ist nicht verwunderlich, daß ein solches Werk, entstanden in der von philologischer Vorliebe für das Außergewöhnliche (und für Vollständigkeit) geprägten Zeit der Romantik, nahezu ins Grenzenlose ausuferte. Wer sich heutzutage die Originalausgabe dieses epochalen Werkes ansieht, schrickt zurück vor der Fülle und Unübersichtlichkeit (der Autor spricht selbst von „dreihunderttausend und mehr“ Reimen), die dieses Buch ohne eine Bearbeitung für den modernen Leser unbrauchbar machen würden. Es finden sich in diesem fast 2.000 Seiten starken Werk endlose und dem eigentlichen Zweck eines Reimlexikons entgegenstehende Listen von Abwandlungen eines einzigen Wortes, z. B. unter *Fischerei: Aalfischerei, Angelfischerei, Bachfischerei, Donaufischerei, Eisfischerei, Elbfischerei, Flußfischerei, Goldfischerei, Heringsfischerei, Koppelfischerei, Korallenfischerei, Küstenfischerei, Lachsfischerei, Lattenfischerei, Perlenfischerei, Rheinfischerei, Rutenfischerei, Salmfischerei, Sardellenfischerei, Seefischerei, Seilfischerei, Sprungfischerei, Stockfischfischerei, Strandfischerei, Teichfischerei, Thunfischerei.*

Gleichzeitig aber hat der Autor, ein Schriftsteller mit dem bürgerlichen Namen F. F. Hempel, der sein Reimlexikon unter dem Pseudonym Peregrinus Syntax veröffentlichte, sich mit seiner Arbeit ein Denkmal gesetzt, das in seinem Gebiet wohl unerreichbar ist. Aus diesem Grunde hat sich der Verlag entschlossen, dieses Lexikon in einer überarbeiteten, stark gekürzten Neuausgabe dem heutigen Publikum wieder zugänglich zu machen. Die Auswahl der in die hier vorliegende Neuausgabe übernommenen Wörter erfolgte nach dem Gesichtspunkt der Gebräuchlichkeit – Wörter, deren Verwendung und Bedeutung dem modernen Menschen nur in Ausnahmefällen noch klar sein dürften, wurden also ebenso ausgelassen wie endlose Listen nach dem Muster der oben erwähnten „Fischerei“.

Dabei wurde das Ordnungskriterium der einzelnen Reimwörter, nämlich die Anordnung nach der Übereinstimmung ganzer Silben vom letzten betonten Vokal bis zum Ende des Wortes, beibehalten. Das vorliegende Buch gliedert sich also in fünf Hauptabschnitte, die nach den jeweiligen Anfangsvokalen der Reimendungen aufgeteilt sind. Innerhalb dieser großen Abschnitte sind die einzelnen Stichwörter alphabetisch geordnet, so daß nach einer gewissen unvermeidlichen Einarbeitungszeit bei der Arbeit mit diesem Lexikon keine Schwierigkeiten mehr auftreten sollten.

Dem Besitzer dieses Reimlexikons wird es also hoffentlich schon bald möglich sein, Reime zu finden, die über das klassische Herz/Schmerz und Liebe/Triebe hinausgehen – auch wenn (wie immer) gilt: Zuerst muß man etwas zu sagen haben, dann kann man daran gehen, die passende Form für das zu sagende zu suchen.

Reimendungen mit dem Anfangsbuchstaben

A

A-AH

das A
die Aa
Abluentia
in absentia
Academia
Acadia
Adria
Aeolia
Aesthetica
Afrika
Akrosticha
Alexandria
Algebra
Allemannia
Allotria
Altona
allzunah
Ambrosia
Amerika
Anathema
Andalusia
Angela
Angelika
Antidota
Apokrypha
Apollonia
Apostata
Apostolica
Appia (via)
Aquitania
Arabia
Arcadia
die Aria
Armenia
Asia
Assyria
Astrologica
Astronomica
ausersah
Australia
Austria
Babylonia
Barbara
Basilika
Bavaria
Bathseba
besah
Bethania
beinah
Bohemia
Britannia
Bulgaria
Kabbala
Cäcilia
Caligula
Cholera
Chronica
Claudia
Colloquia
Columbia
Concordia
Contraria
Curia
Debita
Delila
Deponentia
Deus ex machina
divide et impera

Domestica
Domina
Doria
Ecclesia
Erotica
ersah
Essentia
etcetera
etwa
Eulalia
Eusebia
Evangelia
Examina
Florida
Formula
Gallia
Genua
Germania
geschah
Gisela
Gloria
Golgatha
Granada
Großpapa
Haha!
Hebraica
Helena
Heureka!
Hibernia
Hispania
Historia
Hofgala
Holla!
Hungaria
Hurra!
Huzza!
Iberia
India
Insula
Ischia
Istria
Italia
Ithaka
Ja!
Jaja!
Jamaika
Josua
Julia
Justitia
das K
Kamera
Kanada
Kleopatra
Lesbia
Libya
Livia
Lucia
Lucretia
Lydia
Macedonia
Mama
Mantua
Marginalia
Moteria
Mathematica
Melodica
Mesopotamia
Mineralia
Mirabilia
Miscellanea

Misericordia
Monita
Murcia
Nah
Narcotica
Naturalia
Nausea
Nomina
Nubia
Olympia
Omega
Opera
Opuntia
Ostia
Pagina
Panama
Paria
Pecunia
Phrygia
Podagra
Politica
Pretia
Principia
Privilegia
Problemata
Prolegomena
Pronomina
Proserpina
Porverbia
Publica
Pythia
die Raa
Reagentia
Regalia
Relaxantia
Remedia
Repertoria
Reptilia
Repressalia
Res publica
Retina
Rustica
Sasa!
Hopsassa
Tausendsassa
er sah
Sapientia
Sardinia
Saturnia
Scandinavia
Schah
Scholastica
Segovia
Seneca
Sententia
Stamina
Stemmata
Stimulantia
Stomatica
Sumatra
Sylvia
Syria
Tabula
Tempora
Tertia
Testimonia
Titania
Tombola
Troika
übersah

Ultima
Universalia
Ursula
USA
Utopia
Valencia
Venetia
Veronica
Victoria
Victualia
Viola
Virginia
Vipsania
Vitia
Xenia
Eklat
Etat
Faux pas

AB

der Aaronsstab
ab
auf und ab
bergab
der Bettelstab
der Bischofsstab
der Eisenstab
das Ehrengrab
das Felsengrab
der Feldherrnstab
gab
der Generalstab
das Grab
ich grab'
ich hab'
Hab' (und Gut)
herab
der Heroldsstab
hinab
hügelab
das Hünengrab
der Knab'
der Krummstab
der Marschallstab
der Pilgerstab
der Rab'
der Schwab'
der Stab
stromab
der Trab
vorab
das Wellengrab
der Zauberstab

ABA

Alibaba
Saba (König von)

ABBE

Flabbe
Krabbe

ABBEL

das Gebabbel
das Gekrabbel
das Gequabbel

das Gesabbel
das Geschwabbel

ABBELN

babbeln
brabbeln
begrabbeln
grabbeln
kabbeln
krabbeln
nachbabbeln
sabbeln
schwabbeln
verbabbeln
wabbeln

ABBELT

babbelt
sabbelt
schwabbelt
wabbelt

ABBER

das Geknabber
das Gesabber
das Geschlabber

ABBERN

knabbern
aufschlabbern
beschlabbern
sabbern
schlabbern
überschlabbern

ABBERND

knabbernd
sabbernd
schlabbernd

ABBERT

knabbert
sabbert
er schlabbert

ABBI

Rabbi

ABE

die Abgabe
die Angabe
die Aufgabe
die Ausgabe
die Bettelgabe
die Beigabe
der Buchstabe
die Dichtergabe
die Eingabe
die Gabe
die Geistesgabe
im Grabe
ich grabe

ich habe
die Habe
die Hauptausgabe
die Honigwabe
der Knabe
ich labe
die Nabe
die Ortsangabe
die Preisaufgabe
die Prachtausgabe
der Rabe
ich schabe
die Schabe
der Schwabe
die Schulausgabe
am Stabe
die Tagesausgabe
ich trabe
im Trabe
die Wabe

ABEL

Abel
Babel (Sünden-Babel)
diskutabel
die Fabel
die Feuergabel
das Gefabel
die Gabel
die Heugabel
die Inkunabel
das Kabel
der Konstabel
der Krummschnabel
die Mistgabel
der Nabel
die Parabel
der Schnabel
die Stimmgabel
die Tierfabel
die Vokabel
adorabel
amüsabel
deplorabel
formidabel
honorabel
immensurabel
impermeabel
inakzeptabel
inästimabel
incurabel
indiskutabel
insatiabel
kapabel
komfortabel
kommensurabel
miserabel
passabel
praktikabel
profitabel
rentabel
respektabel
spendabel
tolerabel
transmutabel
transportabel
variabel
veritabel
die Vokabel

ABELN

abnabeln
aufgabeln
erfabeln
die Fabeln
fabeln
die Gabeln
gabeln
die Inkunabeln
kabeln
die miserabeln
nachfabeln
die Notabeln
die Vokabeln
vorfabeln
zusammenfabeln

ABELS

Abels
des Gefabels
des Nabels
des Schnabels

ABELT

er fabelt
er gabelt

ABEN

der Abzugsgraben
anhaben
ausgraben
begraben
die Buchstaben
der Burggraben
dahertraben
eingraben
erhaben
die Gaben
das Gehaben
gehaben
der Graben
graben
das Guthaben
das Haben
haben
handhaben
heraushaben
hocherhaben
die Knaben
die Naben
die Raben
die Schaben
schaben
die Schwaben
der Stadtgraben
traben
untergraben
verausgaben
vergraben
vorhaben
voraushaben
vorbeitraben
das Vorhaben
die Waben
der Wassergraben
zugraben

ABEND

der Abend
der Feierabend
der Lebensabend
hochtrabend
labend
der Martinsabend
der Niklasabend
der Polterabend
der Sonnabend
trabend
der Vorabend
der Weihnachtsabend
der Winterabend
wachhabend
wohlhabend

ABENS

des Begrabens
des Buchstabens
des Guthabens
des Rechthabens

ABER

aber
der Befehlshaber
der Kandelaber
Haber (siehe Hafer)
der Inhaber
der Kunstliebhaber
der Laber
der Liebhaber
der Musikliebhaber
der Machthaber
der Pferdeliebhaber
der Rechthaber
der Schaber
der Teilhaber
der Traber

ABERN

den Arabern
den Kandelabern
labern
den Machthabern
wabern
den Trabern
den Zabern

ABERS

des Befehlshabers
des Kandelabers
des Gewalthabers
des Inhabers
des Liebhabers
des Machthabers
des Teilhabers

ABET

begabet
gabet
grabet
habet
labet

schabet
trabet

ABICHT

der Habicht

ABISCH

syllabisch
monosyllabisch

ABLE

ich fable
ich gable
ich kable

ABLER

der Fabler
der Gabler
der Konstabler
der Stabler

ABLOS

grablos
hablos

ABNE

begrabne
erhabne
gegrabne

ABNER

begrabner
erhabner
gegrabner

ABS

ich gab's
des Grab's
ich hab's

ABST

gabst
labst
der Papst
schabst
trabst

ABT

ihr gabt
begabt
gelabt
genaht
ihr grabt
habt
labt
naht
ihr schabt
trabt
tragt

ABTES

ein begabtes
verausgabtes
gehabtes
gelabtes

ABUNG

die Begabung
die Grabung
die Handhabung
die Labung

AC

der Cognac
Isaac
Tic-tac

ACET

Placet

ACH

Bacharach
Biberach
Eisenach
Eschenbach
Feuerbach
Kreuznach
Offenbach
Reichenbach
Schwabach
Schwalbach
Wittelsbach
Ach!
der Almanach
der Bach
brach(liegen)
er brach
das Dach
unter Dach und Fach
einfach
das Fach
flach
frühwach
gemach
das Gemach
das Gekrach
das Gelach
hundertfach
ein Krach
krach!
lach!
mach!
mannigfach
nach
die Rach'
die Sach'
Schach
das Schach
der Scharlach
die Schmach
schwach
er sprach
er stach
tausendfach
das Ungemach

wach
der Wallach
zweifach
die Zwiesprach

ACHE

der Apache
die Bache
am Bache
die Brache
am Dache
der Drache
alte Drache
das einfach, 2-1000- etc.im
im Fache
ich fache
der Fellache
das Gelache
das Gekrache
das Gemache
die flache
ich flache (ab)
der Hausdrache
die Hohnlache
ich krache
ich lache
die Lache (risus)
die Lache (lacus)
ich mache
die Mache
in die Mache (nehmen)
mannigfache
mehrfache
die Rache
die Sache
dem Schache
im Schache
der Schwache
die Sprache
die Ursache
das vielfache
ich vereinfache
ich vervielfache
ich verursache
ich wache
die Wache

ACHEL

die Kachel
Rachel
der Stachel

ACHELN

anstacheln
die Kacheln
stacheln
den Stacheln
verkacheln

ACHELND

anstachelnd
einkachelnd

ACHELS

des Stachels

ACHELST

du kachelst (ein)

ACHELT

er kachelt (ein)

ACHEM

flachem
schwachem
wachem

ACHEN

Aachen
den Almanachen
abdachen
abflachen
anfachen
abmachen
anmachen
anlachen
ausmachen
auslachen
aufwachen
bedachen
belachen
bewachen
die Brachen
brachen
erwachen
die einfachen
das Erwachen
erwachen
die Drachen
die Gracchen
krachen
das Krachen
das Lachen
lachen
die Lachen
machen
das Machen
mannigfachen
mehrfachen
der Nachen
der Rachen
die Sachen
die Schachen (Waldstück)
scharlachen
die Schwachen
seine Siebensachen
die Sprachen
sie sprachen
sie stachen
überdachen
überwachen
sich verkrachen
vielfachen
verflachen
vereinfachen
verlachen
vermachen
vormachen
wachen
die Wachen
das Waschen
zumachen

ACHEND

abdachend
alleinseligmachend
anfachend
friedemachend
krachend
lachend
machend
verflachend
verursachend
wachend

ACHENS

Aachens
sie sprachen's

ACHER

einfacher, 2- 3- etc.
flacher
das Geschacher
ein Haftelmacher
ein Kracher
der Lacher
ein Macher
der Pracher
der Schacher
Schwabacher
ein Schwacher
der Spaßmacher
tausendfacher
der Versemacher
der Verursacher
vielfacher
wacher
der Widersacher
der Wittelsbacher

ACHERN

den Bacharachern
den Krachern
den Machern
mannigfacher'n
schachern
den Verursachern
vielfacher'n
den Widersachern

ACHERS

des Bachers
Bacharachers
etwas einfacher's
flacher's
des Krachers
des Lachers
des Machers
des Verursachers
des Widersachers

ACHERST

schacherst

ACHERT

schachert

ACHES

des Almanaches
des Baches
belach' es!
bewach' es!
des Daches
des Faches
ein flaches
des Gemaches
mach' es!
mannigfaches
mehrfaches
des Kraches
des Scharlaches
ein schwaches
vielfaches
ein waches

ACHEST

du brachest
krachest
lachest
machest
sprachest
stachest
verursachest
wachest

ACHET

ihr brachet
erbrachet
krachet
lachet
machet
verflachet
verursachet
wachet
zerbrachet
zerkrachet

ACHFELD

Brachfeld

ACHHEIT

die Einfachheit
die Flachheit
die Schwachheit
die Vielfachheit

ACHHOLZ

das Dachholz
das Fachholz

ACHIG

sprachig

ACHIN

die Gracchin

ACHLICH

stachlich

ACHMATT

Schachmatt

ACHS

viele Achs
des Almanachs
des Bachs
er brach's
der Dachs
des Fachs
der Flachs
des Gemachs
des Krachs
der Lachs
der Sachs
des Sachs
Hans Sachs
sprach's
stach's'
er verbrachs
das Wachs

ACHSE

die Achse
dem Dachse
ich faxe
dem Flachse
ich flachse
dem Lachse
der Sachse
dem Wachse
ich wachse

ACHSEL

die Achsel
das Gekraxel

ACHSELN

die Achseln
kraxeln

ACHSEN

die Achsen
bewachsen
flachsen
erwachsen
gewachsen
die Haxen
knacksen
den Lachsen
die Sachsen
schlacksen
verknacksen (den Fuß)
verwachsen
wachsen

ACHSEND

flachsend
wachsend

ACHSES

des Dachses
des Flachses

des Lachses
des Wachses

ACHSEST

du flachsest

ACHSET

er flachset
ihr wachset

ACHST

brachst
fachst
flachst
krachst
lachst
machst
stachst
sprachst
verursachst
wachst

ACHSTEIN

Dachstein

ACHT

abgebracht
angefacht
abgeflacht
abgemacht
die Acht
ich acht
die Acht' (8)
hab' acht!
in Anbetracht
die Andacht
angebracht
aufgebracht
mit Bedacht
belacht
bedacht
in Betracht
beigebracht
bewacht
er brach't
ihr bracht
durchdacht
erdacht
gedacht
ich dacht'
durchgebracht
eingebracht
er facht
die Fracht
gebracht
die Gracht
die Heeresmacht
die Himmelsmacht
die Hochzeitsnacht
die Jacht
es kracht
er lacht
die Liebesmacht
die Liebesnacht
er macht

die Macht
mitgebracht
die Mitternacht
die Nacht
die Pacht
die Pracht
die Obacht
die Reichsacht
sacht
der Schacht
die Schlacht
die Schmacht
die Sommernacht
ihr spracht
ihr stacht
die Stadtnacht
die Tracht (Kleidung)
die Tracht (Prügel)
überdacht
umgebracht
unangefacht
unbedacht
unbewacht
vereinfacht
untergebracht
der Verdacht
vermannigfacht
vervielfacht
verbracht
verflacht
verkracht
vorgebracht
vollbracht
die Wacht
er wacht
wohlbedacht
zugedacht

ACHTE

ich achte
die Achte
der Ausgelachte
beachte
ich bedachte
betrachte
ich brachte
ich dachte
das Eingebrachte
das Eingemachte
ich fachte
das Gedachte
das Gebrachte
das Gepachte
das Geschmachte
krachte
lachte
ich machte
ich pachte
sachte!
im Schachte
ich schlachte
ich schmachte
ich trachte
ich übernachte
umnachte
vermannigfachte
vereinfachte, 2-1000fachte
ich verflachte

ACHTEL

ein Achtel
die Dachtel
dasGeschachtel
die Schachtel
die Spachtel
die Wachtel

ACHTELN

achteln
die Achteln
spachteln
die Schachteln
verschachteln
die Wachteln

ACHTELND

achtelnd
schachtelnd
spachtelnd

ACHTELNS

des Achtelns
Schachtelns
Spachtelns

ACHTELS

des Achtels
des Gespachtels

ACHTELT

er achtelt
spachtelt

ACHTEM

achtem
bedachtem
gedachtem
überdachtem
gebrachtem
verflachtem
verlachtem
gemachtem
sachtem
bewachtem

ACHTEN

abschlachten
achten
im achten (grade)
anschmachten
die ausgelachten
ausschlachten
das Bankschlachten
beachten
bedachten
befrachten
beobachten
betrachten
begutachten
sie brachten
sie dachten

dahinschmachten
erachten
sie fachten
frachten
die Frachten
forttrachten
die Gebrachten
die gemachten
die geschachten
die geschlachten
das Gutachten
die Hausschlachten
hochachten
sie krachten
lachten
sie machten
pachten
mißachten
mitpachten
obachten
sachten
schachten
den Schachten
die Schlachten
schlachten
schmachten
die Trachten
trachten
überfrachten
übernachten
umnachten
ungeschlachten
verachten
sie verflachten
vermannigfachten
verpachten
verschmachten
sie wachten
zurückpachten

ACHTEND

achtend
furchtverachtend
hochachtend
schlachtend
schmachtend
umnachtend
verachtend

ACHTER

der Achter
der Beobachter
bedachter
der Betrachter
dacht' er
facht' er
der Frachter
gedachter
gemachter
der Menschenschlachter
lacht' er
macht' er
sachter
der Schlachter
ungeschlachter
ein Verlachter
verkrachter
ein Verfrachter

ein Viehschlachter
wacht' er etc
ein zerkrachter

ACHTERN

den Achtern
den Beobachtern
den Befrachtern
den Betrachtern
den Menschenschlachtern
sachter'n
ungeschlachter'n

ACHTES

ein Achtes
belachtes
bewachtes
gebrachtes
gemachtes
sachtes
ungeschlachtes
verflachtes
des Verdachtes
zerkrachtes
ich acht' es
dacht' es
etc.

ACHTEST

achtest
betrachtest
bedach'test
befrachtest
brachtest
dachtest
fachtest
krachtest
lachtest
machtest
pachtest
schlachtest
schmachtest
trachtest
übernachtest
verflachtest
wachtest

ACHTET

ausgeschlachtet
ausgeschachtet
befrachtet
betrachtet
geachtet
gepachtet
umnachtet
verachtet
verfrachtet
ihr lachtet
ihr machtet
es nachtet
trachtet

ACHTGELD

das Frachtgeld
das Pachtgeld

ACHTHEIT

die Gedachtheit
die Gemachtheit
die Sachtheit
Verflachtheit

ACHTEIL

der Nachteil

ACHTLICH

beachtlich
gutachtlich
fastnachtlich
weihnachtlich

ACHTLOS

achtlos
bedachtlos
machtlos
verdachtlos
prachtlos

ACHTS

des Nachts

ACHTSAM

achtsam
bedachtsam
betrachtsam

ACHTUNG

die Achtung
die Auschachtung
die Beachtung
die Beobachtung
die Befrachtung
die Betrachtung
die Schlachtung
die Umnachtung
die Übernachtung
die Verachtung
die Verpachtung

ACHUNG

die Abmachung
die Bedachung
die Bewachung
die Bekanntmachung
die Gleichmachung
die Gutmachung
die Heiligmachung
die Möglichmachung
die Schiffbarmachung
die Seligmachung
die Sichtbarmachung
die Unsichtbarmachung
die Urbarmachung
die Überdachung
die Überwachung
die Vereinfachung
die Vermannigfachung
die Verhundertfachung
die Vervielfachung

die Verflachung
die Verursachung
die Wirklichmachung

ACHWERK

das Dachwerk
das Fachwerk
das Flachwerk
das Machwerk
das Kunstmachwerk

ACIENS

Daciens
Thraciens
Samothraciens

ACK

der Ammoniak
der Anorak
der Arrak
die Back
back
Claque
der Cognac
die Flak
der Frack
der Geschmack
hack!
Jean Jaques
huckepack
der Kakerlak
der Kack
kack!
der asack
klack!
der Kosak
der Lack
der Lack (Blumen-)
derModefrack
das Pack
der Sack
der Schnack
der Schabernack
der Schnickschnack
der Schubiack
strack
der Tabak
ticktack
das Wrack
der Zack
zickzack
ich hack
ich pack

ACKE

die Attacke
ich backe
verbacke
die Backe (der Backen)
die Baracke
die Bracke
im Fracke
das Geknacke
das Geplacke
das Gepacke
dem Geschmacke

das Gezwacke
Hacke (Fessel bei Pferden)
die Hacke
ich hacke
die Jacke
ich kacke
ich knacke
dem Lacke
dem Packe
ich packe
ich sacke
im Sacke
dem Schabernacke
Schabracke
Schlacke
die Zacke
ich zwacke

ACKEL

der Dackel
die Fackel
das Gefackel
das Gewackel
der Lackel

ACKELN

fackeln
gackeln
schnackeln
den Dackeln
die Fackeln

ACKELND

fackelnd
wackelnd

ACKEN

absacken
abwracken
abzwacken
auspacken
der Backen
die Backen
backen
gebacken
das Backen
die Bracken
einpacken
einsacken
entschlacken
die Hacken
das Hacken
die Jacken
kacken
knacken
das Knacken
Kosacken
lacken
Nacken
packen
sich packen
der Packen
piesacken
placken
sacken

schnacken
die Schabracken
die Schlacken
versacken
verknacken
verpacken
wegsacken
die Zacken
der Zacken
zerhacken
zerknacken
zusammensacken
zupacken
zwacken

ACKEND

backend
kackend
knackend
nackend
packend

ACKER

Acker
das Geacker
Fiaker
das Gegacker
Geflatter
Geldschrankknacker
Hosenkacker
der Hacker
der Knacker
Leuteplacker
Nußknacker
der Macker
Packer
Verpacker
der Racker
wacker
stracker

ACKERN

ackern
flackern
gackern
sich abrackern
quackern
schlackern
den Rackern
die wackern

ACKERND

ackernd
flackernd
gackernd
sich rackernd
schlackernd

ACKERT

er ackert
beackert
flackert
gackert
rackert
schlackert

ACKES

Geknackes
Lackes
Schabernackes
Schmackes
Schnickschnackes
strackes
Wrackes

ACKEST

du backest
kackest

ACKIG

nackig
pausbackig
schlackig
stiernackig
zackig

ACKT

abgesackt
abgeschmackt
abgewrackt
abstrakt
Akt
Autodidakt
er backt
befrackt
exakt
Extrakt
Fakt
gezackt
er hackt
kackt
nackt
er packt
vertrackt
er zwackt

ACKTE

knackte
er packte
er zackte

ACKTEN

die nackten
sie packten
die abgeschmackten
die vetrackten
die gezackten

ACKTER

abgeschmackter
abgewrackter
gehackter
bekackter
intakter
nackter
gezackter
Charakter
Einakter
Viertakter

ACKTHEIT

die Abgeschmacktheit
Nacktheit
Vertracktheit

ACO

Monaco

AKT

der Akt
exakt
abstrakt
der Kontrakt
der Extrakt
das Artefakt
der Autodidakt
der Katarakt
ein Pakt
der Takt
der Kontakt
der Trakt

ACTA

Abstracta
Facta
Pacta

AKTE

die Akte
im Takte

AKTEN

die exakten
in Extrakten

AKTER

ein exakter
abstrakter
Charakter
ein kompakter
intakter

AKTIK

Didaktik
Praktik
Taktik

AKTISCH

didaktisch
faktisch
praktisch
prophylaktisch
syntaktisch
taktisch

AKTOR

der Aktor
Exaktor
Faktor
Kalefaktor
Traktor

AKTUM

Aktum
Faktum
Diktum-Faktum
Abstraktum

AD

das Bad
der Kamerad
die Gnad'
der Grad
Mahd
Pfad
das Rad

ADA

die Armada
Estrada
Strada
Suada

ADDE

die Kladde

ADDEL

Paddel
die Quaddel

ADDLE

ich paddle

ADE

Arkade
Harlekinade
der Asklepiade
ich bade
im Bade
die Ballade
Balustrade
Barrikade
Bastonade
Blockade
Brigade
die Carbonade
Cascade
Cavalcade
Charade
Chocolade
Zikade
Kolonnade
Cyklade
Dekade
Eskapade
Esplanade
fade
die Fassade
gerade
die Gerade
das Gestade
Grade
Grillade
Iliade
Jade
Jeremiade
Lade

ich lade
Limonade
Made
die Mänade
malade
die Marmelade
Masquerade
die Messiade
Monade
Myriade
der Nomade
Olympiade
die Orangeade
die Palisade
Parade
dem Pfade
Plejade
Pomade
die Promenade
die Robinsonade
Roulade
der Schade
die Schwade
Serenade
Tirade
Wade

ADEL

der Adel
das Madel
die Nadel
das Genadel
der Stadel
der Tadel
ich radel
ich tadel

ADELN

adeln
die Nadeln
nadeln
radeln
den Stadeln
tadeln

ADEN

Aden
baden
begnaden
die Kameraden
der Faden
die faden
der Fladen
die geraden
ungeraden
die Gnaden
von Gottes Gnaden
laden
geladen
beladen
verladen
die Laden
der Laden
die Maden
die Paraden
den Pfaden
der Schaden

die Schwaden
die Waden

ADER

die Ader
der Bader
ein fader
ein gerader
das Geschwader
der Hader
der Kader
Quader
Salbader
Hinterlader
Vorderlader

ADERN

die Adern
salbadern
hadern
den Kadern
die Quadern

ADES

der Hades
ein retrogrades

ADET

er badet
begnadet
er schadet
umschwadet
unbeschadet

ADHEIT

die Fadheit
Geradheit
Ungeradheit
Maladheit

ADIA

Arcadia

ADIEN

Arkadien
die Radien
Stadien

ADIG

madig

ADISCH

arkadisch
badisch
nomadisch
sporadisch

ADIUM

das Palladium
das Stadium

ADIUS

der Radius

ADLE

ich adle
ich radle

ADLER

Adler
Nadler
Radler
Tadler

ADO

Eldorado
Prado

ADOR

Libertador
Matador

ADUNG

Begnadung
Ladung
die Vorladung

AEN

bejaen

AE

bäh!
jäh
zäh
Näh
ich säh
Calais
Essai
fait
jeu fait!
par fait
Palais
Portrait
Rabelais
Relais

AEA

Althaea
Chaldaea
Galilaea
Idumaea
Judaea

AEBCHEN

das Gräbchen
Knäbchen
Stäbchen

AEBCHENS

des Gräbchens
Knäbchens

Schwäbchens
Stäbchens

AEBE

gang und gäbe
er gäbe
Stäbe

AEBEL

der Säbel
das Gesäbel
die Schnäbel
das Geschnäbel

AEBELN

säbeln
den Säbeln
schnäbeln
schwäbeln

AEBER

die Gräber

AEBIG

behäbig
schäbig
1- 2- 3stäbig
buchstäbig
schwäbisch

AEBLER

ein Säbler
Schnäbler
Stäbler
Buchstäbler
Hohlstäbler

AECH

spräch'
das Gespräch
ich stäch'
ich räch'
schwäch'

AECHE

die Bäche
Fläche
ich räche
schwäche
die Schwäche
ich bräche
ich stäche
Gespräche

AECHELN

fächeln
lächeln
das Lächeln

AECHELND

lächelnd
flächelnd
lächelnd

AECHEN

den Bächen
die Flächen
rächen
schwächen
die Schwächen
sie brächen
den Gesprächen
sie stächen

AECHER

die Dächer
der Fächer
die Gemächer
der Rächer
Schächer
der Schwächer
schwächer

AECHERN

den Dächern
fächern
den Fächern
den Gemächern
Rächern

AECHLICH

oberflächlich
mächlich
gemächlich
sächlich
hauptsächlich
nebensächlich
tatsächlich
ursächlich
schwächlich

AECHS

das Gewächs

AECHSE

die Dächse
ich wächse

AECHSIN

die Dächsin
Sächsin

AECHST

du sprächst
stächst

AECHSTE

der schwächste
der Nächste

AECHT

das Gemächt
ich dächt
rächt
schwächt

AECHTE

ich ächte
ich brächte
vollbrächte
dächte
die Mächte
die Nächte
er rächte
er schwächte
der geschwächte

AECHTEN

sie brächten
vollbrächten
sie dächten
Mächten
Nächten
sie rächten
sie schächten
sie schwächten
ächten

AECHTER

Gelächter
Höllengelächter
Hohngelächter
Spottgelächter
der Pächter
ein Gerächter
der Schächter
Schlächter
der Verächter
Gottesverächter
Kostverächter
Kunstverächter
Schönheitsverächter
Tugendverächter
der Wächter
Feldwächter
Höllenwächter
Turmwächter

AECHTIG

andächtig
bedächtig
unbedächtig
verdächtig
mächtig
allmächtig
eigenmächtig
großmächtig
ohnmächtig
übermächtig
zaubermächtig
nächtig
mitternächtig
prächtig
schmächtig
trächtig

einträchtig
niederträchtig
zwieträchtig

AECHTIGEN

bemächtigen
ermächtigen
nächtigen
verdächtigen
die Mächtigen

AECHTIGT

er bemächtigt
bevollmächtig
er ermächtigt
beeinträchtigt

AECHTIGUNG

Ermächtigung
Nächtigung
Verdächtigung

AECHTLICH

beträchtlich
nächtlich
verächtlich

AECHTNIS

das Gedächtnis
das Vermächtnis

AECHUNG

Rächung
Schwächung

AECHZ

das Geächz
Gekrächz

AECHZE

ich ächze
das Geächze
ich krächze
das Gekrächze
(dazu echze)

AECHZEN

ächzen
das Aechzen
das Krächzen

AECK

das Gebäck
Gepäck

AECKCHEN

das Bäckchen
Rotbäckchen
Päckchen
Säckchen

AECKE

die Säcke
die Fräcke
(dazu ecke)

AECKEL

der Säckel (auch Seckel)
(dazu eckel)

AECKER

die Äcker
der Bäcker
(dazu ecker)

AECKIG

rotbäckig
vollbäckig
pausbäckig
hartnäckig
(dazu eckig)

AEDCHEN

ein Kamerädchen
das Fädchen
das Drähtchen
das Lädchen
das Mädchen
das Rädchen
das Städtchen
das Wädchen

AEDEL

Mädel
Schädel
das Städel

AEDER

das Geäder
die Bäder
die Räder
das Geräder

AEDERN

rädern
den Städtern
den Rädern
den Bädern

AEDIG

fädig
gädig
gnädig

AEE

ein Koryphäe
ein Pygmäe
die Trophäe

AEEN

Koryphäen

Pygmäen
Pyrenäen
säen

AEER

Bartholomäer
Chaldäer
Epikuräer
Europäer
Galiläer
Hebräer
Maccabäer
Pharisäer
Ptolomäer
Sadduzäer
Säer

AEFCHEN

ein Gräfchen
Schäfchen
Schläfchen

AEFE

ich träfe
es beträfe
Schläfe

AEFEN

die Häfen
Schläfen
einschläfen
sie träfen
überträfen

AEFER

der Käfer
der Schäfer
der Schläfer
Beischläfer
Langschläfer
Siebenschläfer

AEFFE

ich äffe
ich kläffe
das Gekläffe

AEFFEN

äffen
nachäffen
kläffen
ankläffen

AEFFER

Nachäffer
Kläffer

AEFFISCH

äffisch
pfäffisch

AEFFST

du äffst
kläffst

AEFT

er äfft
kläfft
das Geschäft

AEFTEN

sie äfften
entkräften
kläfften
mit Kräften
mit Säften
Geschäften

AEFLICH

gräflich
sträflich

AEFTCHEN

ein Säftchen
Geschäftchen
Wirtschäftchen

AEFTIG

geschäftig
kräftig

AEFTIGEN

bekräftigen
beschäftigen
kräftigen
geschäftigen

AEFTIGUNG

Bekräftigung
Beschäftigung
Kräftigung

AEG

schräge
träg
ich läg'
ich säg'

AEGE

das Gehäge
das Gepräge
die Säge
die Schläge
die Schräge
träge
ich läge
ich wäge

AEGEL

die Nägel
der Schlegel

AEGEN

die Krägen
sie lägen
den Verlägen
die Mägen
prägen
ausprägen
einprägen
sägen
absägen
ansägen
durchsägen
zersägen
Beschlägen
Verschlägen
die schrägen
abschrägen
Verträgen
wägen
abwägen
erwägen

AEGER

Düsenjäger
der Jäger
der Kläger
die Läger
der Schläger
Schürzenjäger
die Schwäger
der Träger
ein schräger
ein träger

AEGERN

sich verschwägern

AEGHEIT

Schrägheit
Trägheit

AEGIG

abschlägig
einschlägig

AEGLICH

kläglich
unsäglich
täglich
alltäglich
diensttäglich
donnerstäglich
festtäglich
feiertäglich
freitäglich
mittäglich
montäglich
samstäglich
sonntäglich
wochentäglich
einträglich
erträglich
unerträglich
nachträglich
zuträglich

AEGUNG

Ausprägung

AEHE

ich blähe
die Fähe
es geschähe
jähe
ich krähe
Koryphäe
Krähe
ich mähe
das Gemähe
ich nähe
die Nähe
Pymäe
ich sähe
schmähe
das Geschmähe
das Gespähe
die Trophäe
zähe

AEHEN

bähen
blähen
aufblähen
die Fähen
es geschähen
die jähen
krähen
die Krähen
mähen
nähen
sie sähen
die zähen
schmähen
verschmähen
spächen
erspächen
Trophäen

AEHER

der Häher
Birkhäher
Eichelhäher
jäher
der Mäher
näher
Späher
zäher

AEHERN

den Hähern
des Nähern
den Schmähern

AEHHEIT

die Jähheit
Zähheit

AEHIG

fähig

AEISCH

chaldäisch
epikuräisch
europäisch
galiläisch
hebräisch
pharisäisch
ptolemäisch

AEK

erschräk
Gequäk

AEKCHEN

Häkchen
Nesthäkchen

AEKE

erschräke
Gequäke
stäke

AEKELN

häkeln
mäkeln
räkeln

AEKER

Quäker
Schäker
Geschäker

AELBCHEN

Fälbchen
Kälbchen
Sälbchen
Schwälbchen

AELCHEN

Kanälchen
Kapitälchen
Futterälchen
Pfählchen
Pokälchen
Portälchen
Sälchen
Schälchen
Strählchen
Tälchen

AELDE

Gemälde
Bälde

AELDER

Wälder

AELE-AEHLE

Admiräle

Kanäle
die Kardinäle
Choräle
Korporäle
Generäle
ich quäle
Säle
ich schäle
er befähle
vermähle
pfähle
ich stähle
ich wähle
ich zähle

AELEN-AEHLEN

Admirälen
Kanälen
quälen
abquälen
beschälen
sie befählen
vermählen
sie bestählen
stählen
den Diebstählen
abwählen
erwählen
zählen

AELER-AEHLER

die Kapitäler
Hospitäler
Spitäler
der Quäler
Beschäler
die Täler
der Täler
der Zähler
der Erzähler
die Pennäler

AELERN-AEHLERN

Hospitälern
Spitälern
Quälern
Beschälern
schmälern
stählern
Tälern
Wählern
Zählern
Erzählern

AELGE

Bälge
(dazu elge)

AELIG-AEHLIG

allmählich
schmählich
zählig
überzählig
unzählig
vollzählig

AELK

das Gebälk

AELKE

die Gebälke

AELKEN

Schälken

AELLCHEN

das Bällchen
das Krällchen
das Ställchen
das Wasserfällchen
(dazu ellchen)

AELLE

die Bälle
die Fälle
ich fälle
zerfälle
das Gefälle
vergälle
die Ställe
die Wälle
(dazu elle)

AELLEN

den Bällen
denFällen
den Gefällen
fällen
vergällen
den Ställen
den Wällen
(dazu ellen)

AELLIG

abfällig
anfällig
auffällig
ausfällig
baufällig
beifällig
einhellig
fällig
gefällig
gottgefällig
hinfällig
mißfällig
rückfällig
schwerfällig
straffällig
selbstgefällig
wohlgefällig
zufällig

AELSCHE

ich fälsche
der Welsche
ich kauderwelsche
das Rottwelsche

AELT-AEHLT

auserwählt
gequält
gestählt
gewählt
erzählt
gezählt
pfählt
er quält
er schält
stählt
vermählt
wählt
zählt

AELT

er behält
er erhält
er gefällt
er hält
fällt
er unterhält
er verfällt
er vergällt

AELTCHEN

das Fältchen
das Gestältchen

AELTE-AEHLTE

der Erwählte
das Erzählte
er erzählte
quälte
pfählte
stählte
schälte
vermählte
wählte
zählte

AELTE

die Kälte
es gälte
er fällte

AELTEN

erkälten
sie fällten
sie quälten
die ungezählten
sie vergällten
die Vermählten
sie wählten

AELTER-AEHLTER

ein Auserwählter
ein Gezählter
erzählter
gequälter
gezählter
gepfählter
gestählter
Vermählter

AELTER

älter
der Behälter
kälter

AELTERN

den ältern
den Behältern
den kältern
(dazu eltern)

AELTIG

hinterhältig
sorgfältig
vielfältig
zwiespältig

AELTIGEN

bewältigen
überwältigen
die hinterhältigen

AELTIGT

bewältigt
überwältigt

AELTLICH

ältlich
erhältlich
kältlich
(dazu eltlich)

AELTNIS

das Behältnis
das Verhältnis

AELUNG-AEHLUNG

die Erwählung
die Erzählung
die Vermählung
die Zählung

AELZCHEN

das Fälzchen
das Wälzchen

AELZEN

mälzen
wälzen
(dazu elzen)

AELZER

der Pfälzer
derUmwälzer
der Wälzer

AEM

ich käm'

ich nähm'
Krem (Creme)

AEMCHEN-AEHMCHEN

das Dämchen
das Rähmchen

AEME-AEHME

ich gräme
ich käme
ich lähme
ich nähme
ich schäme
ich verbräme
ich zähme

AEMEN-AEHMEN

beschämen
bezähmen
grämen
sie kämen
nähmen
schämen
die Tantiemen
verbrämen
zähmen

AEMER-AEHMER

der Krämer
der Zähmer
der Bezähmer

AEMISCH

flämisch
hämisch

AEMLICH

dämlich
grämlich
nämlich

AEMM

die Dämm'
ich dämm'
ich kämm'
die Stämm'

AEMMCHEN

das Dämmchen
das Flämmchen
das Kämmchen
das Lämmchen
das Schwämmchen
das Stämmchen

AEMME

die Dämme
ich dämme
die Kämme
ich kämme
die Memme
die Schwämme

ich schwämme
die Stämme

AEMMEN

den Dämmen
den Kämmen
den Schwämmen
den Stämmen
(dazu emmen)

AEMMER

ein Dämmer
die Hämmer
das Gehämmer
die Lämmer

AEMMERN

dämmern
hämmern
den Lämmern
den Schlemmern

AEMMERT

belämmert
dämmert
gehämmert
hämmert

AEMMIG

stämmig

AEMMT

er dämmt
gekämmt
geschwämmt
kämmt
schlämmt
ihr schwämmt
stämmt

AEMMUNG

die Überschwemmung

AEMON

der Dämon

AEMPCHEN

das Lämpchen

AEMPE

die Krempe
die Hutkrempe

AEMPEL

der Krempel
der Stämpel (auch Stempel)

AEMPEN

der Kämpen

AEMPFE

ich dämpfe
die Dämpfe
ich kämpfe
die Kämpfe
die Krämpfe

AEMPFEN

den Dämpfen
dämpfen
den Kämpfen
kämpfen
den Krämpfen

AEMPFER

der Dämpfer
der Kämpfer

AEMT-AEHMT

bekämt
gezähmt
grämt
gelähmt
lähmt
ihr nähmt
schämt
ungezähmt
unverschämt
verbrämt
verschämt
zähmt

AEMTER

die Ämter
ein eingedämmter
ein gekämmter
(dazu emter)

AEMTHEIT-AEHMTHEIT

die Gelähmtheit
die Gezähmtheit
die Unverschämtheit
die Ungezähmtheit
die Verschämtheit

AEMTLICH

sämtlich

AEMUNG-AEHMUNG

die Beschämung
die Lähmung
die Verbrämung
die Verschämung
die Zähmung

AEN-AEHN

der Kapitän
das Molybdän
mondän
mähn
sie sähn
der Souverän

AENCHEN-AEHNCHEN

das Bähnchen
das Fähnchen
das Hähnchen
das Kähnchen
das Kapitänchen
das Plänchen
das Spänchen
das Souveränchen
das Tränchen
das Zähnchen

AENDCHEN

das Bändchen
das Händchen
das Ländchen
das Ständchen
das Wändchen

AENDE

die Bände
bände
die Brände
ich empfände
fände
das Gelände
die Hände
die Landstände
ich pfände
schände
das Schiffsgelände
ich schwände
stände
die Stände
die Umstände
die Urstände
dieVerbände
die Widerstände
die Wände

AENDEL

das Bändel
die Händel
das Getändel
ich bändel (an)
ich tändel

AENDELN

anbändeln
tändeln
den Händeln

AENDEN

bänden
denBänden
fänden
den Einwänden
empfänden
pfänden
schänden
schwänden
den Ständen
sie ständen
verschwänden

vorwänden
den Wänden

AENDER

die Bänder
die Geländer
die Gewänder
der Länder
die Länder
die Pfänder
die Ränder
der Schänder
der Ständer

AENDERN

den Abendländern
den Bändern
den Geländern
den Ländern
den Pfändern
den Rändern

AENDIG

anständig
beständig
bändig
doppelbändig
einbändig
geständig
inständig
rückständig
selbständig
ständig
unanständig
unbändig
überständig
verständig
vollständig
vielhändig
vierhändig
zuständig

AENDIGEN

aushändigen
bändigen
einhändigen
verständigen
die unverständigen
die zuständigen
(dazu endigen)

AENDISCH

abendländisch
aufständisch
ausländisch
inländisch
ständisch
vaterländisch

AENDLER

der Händler
der Ländler
der Tändler
der Ruheständler

der Unterhändler
(dazu endler)

AENDLICH

ländlich
gegenständlich
gemeimverständlich
schändlich
umständlich
unverständlich
verständlich

AENDNIS

das Eingeständnis
das Einverständnis
das Geständnis
das Mißverständnis
das Unverständnis
das Verständnis

AENDUNG

die Pfändung
die Schändung
die Verpfändung

AENE-AEHNE

der Däne
die Domäne
ich erwähne
die Fontäne
gähne
die Hähne
die Hyäne
die Kähne
dem Kapitäne
die Mähne
die Migräne
die Muräne
die Pläne
die Quarantäne
die Schwäne
die Späne
die Träne
die Strähne
wähne
die Zähne

AENEN-AEHNEN

den Kapitänen
die Dänen
die Domänen
erwähnen
die Fontänen
gähnen
den Hähnen
die Hyänen
den Kähnen
den Kränen
die Mähnen
den Plänen
den Schwänen
den Spänen
tränen
wähnen
den Zähnen

AENG

das Gedräng'
das Gepräng'
ich häng

AENGE

die Anfänge
ich behänge
das Behänge
ich dränge
die Gänge
das Gedränge
das Gehänge
es gelänge
das Gepränge
die Gesänge
das Gestänge
ich hänge
die Hänge
ich klänge
die Klänge
die Länge
die Ränge
ich ränge
ich sänge
ich schwänge
die Stränge
ich zwänge

AENGEL

der Bängel
das Gedrängel
das Gegängel
das Geschlängel
die Mängel
der Stängel (besser Stengel)

AENGELN

bemängeln
dengeln
drängeln
gängeln
den Mängeln
sich schlängeln

AENGEN

den Anfängen
aufhängen
bedrängen
behängen
das Behängen
drängen
den Fängen
den Gängen
sie gelängen
den Gesängen
hängen
den Klängen
sie klängen
die Längen
sie rängen
sie sängen
sie schlängen
sie schwängen
den Strängen

verhängen
verdrängen
sie zwängen
(dazu engen)

AENGEND

drängend
hängend
strängend
zwängend

AENGENS

des Drängens
des Hängens
des Strängens
des Verlängens
des Zwängens

AENGER

der Anfänger
der Anhänger
bänger
der Bedränger
der Doppelgänger
der Dränger
der Einzelgänger
der Empfänger
der Fänger
der Freigänger
der Fußgänger
der Gänger
der Hänger
der Kirchengänger
der Kostgänger
länger
der Müßiggänger
der Parteigänger
der Rattenfänger
der Sänger
der Vorgänger
(dazu enger)

AENGERN

den Bedrängern
den Rattenfängern
schwängern
verlängern
(dazu engern)

AENGIG

abgängig
abhängig
anhängig
dreisträngig
durchgängig
gängig
rückgängig
unabhängig
viersträngig

AENGLICH

anfänglich
bänglich
empfänglich

hinlänglich
länglich
lebenslänglich
überschwenglich
unverfänglich
umfänglich
umgänglich
unumgänglich
unvergänglich
verfänglich
vergänglich
zulänglich

AENGNIS

die Bedrängnis
das Begängnis
die Empfängnis
das Gefängnis
das Leichenbegängnis
das Verhängnis

AENGST

du drängst
du gelängst
du hängst
du klängst
längst
du sängst'
du schlängst
du schwängst
unlängst
du verhängst
du zwängst

AENGT

angehängt
bedrängt
behängt
er drängt
eingezwängt
gedrängt
er hängt
verdrängt
verhängt
er zwängt

AENGUNG

die Bedrängung
die rängung
die Verdrängung
die Verhängung

AENIG-AEHNIG

mähnig
untertänig
zottelmähnig
zähnig

AENISCH

dänisch

AENK

das Getränk
das Gezänk

ich sänk'
ich tränk'

AENKCHEN

das Bänkchen
das Schränkchen
das Schwänkchen
das Tränkchen

AENKE

die Bänke
ich beschränke
das Gezänke
die Getränke
ich sänke
die Schwänke
ich stänke
die Tränke
ich tränke

AENKEL

das Geplänkel
das Gezänkel
der Henkel
(dazu enkel)

AENKELN

den Enkeln
kränkeln
plänkeln
den Geplänkeln

AENKEN

beschränken
den Bänken
einschränken
den Gestänken
den Getränken
kränken
den Ränken
schränken
den Schränken
den Schwänken
sie stänken
den Tränken
tränken
verschränken
(dazu enken)

AENKER

der Henker
kränker
der Stänker
der Tränker
der Zänker

AENKISCH

fränkisch
altfränkisch
zänkisch

AENKT

beschränkt

gekränkt
getränkt
er kränkt
er tränkt

AENKTER

ein beschränkter
ein Ertränkter
ein gekränkter

AENKTHEIT

die Gekränktheit
die Beschränktheit

AENKUNG

die Beschränkung
die Ertränkung
die Kränkung
die Tränkung

AENLEIN-AEHNLEIN

ein Fähnlein
ein Hähnlein
ein Tränlein
ein Zähnlein

AENNCHEN

Aennchen
das Kännchen
das Männchen
das Pfännchen
das Tännchen
das Wännchen

AENNEN

sie gewännen
sie enträNnen
sie sännen
sie spännen
sie zerrännen

AENNER

der Jänner
die Männer

AENTCHEN

das Entchen
das Händchen

AENTE

die Ente

AENTELN

den Mänteln
bemänteln

AEHNTER

erwähnter
gezähnter

AENTLE

ich bemäntle

AENZCHEN

Fränzchen
ein Kränzchen
ein Pflänzchen
ein Ränzchen
ein Schwänzchen
ein Tänzchen
ein Wänzchen

AENZE

ich ergänze
ich glänzte
die Kränze
ich kränze
das Gekränze
ich schwänze
die Tänze

AENZELN

schwänzeln
tänzeln

AENZEN

bekränzen
ergänzen
glänzen
den Kränzen
den Schwänzen
schwänzen
den Tänzen

AENZER

der Ballettänzer
ein Schwänzer
der Schwerttänzer
der Seilänzer
der Solotänzer
ein Tänzer
der Vortänzer

AENZTER

ein ergänzter
ein geschwänzter
ein umglänzter
ein umkränzter

AENZUNG

die Bekränzung
die Ergänzung
die Umkränzung

AEPFCHEN

ein Näpfchen
ein Zäpfchen

AEPFEL

die Äpfel

die Kräpfel
das Zäpfel

AEPFLEIN

das Näpflein
das Zäpflein

AEPPCHEN

das Häppchen
das Käppchen
das Kläppchen
das Läppchen
das Mäppchen

AEPPELN

aufpäppeln
veräppeln

AEPPER-EPPER

der Nepper
der Schnäpper

AEPPISCH

läppisch
täppisch

AEPPSTE

der knäppste
die Päpste

AEPPT-EPPT

er neppt

AER-AEHR

der Aktionär
angulär
arbiträr
der Bär
der Diktionnär
der Doctrinär
der Emissär
ich erklär
der Funktionär
ich gewähr
die Gewähr
fair
familiär
imaginär
leger
Legionär
der Kommisssionär
die Mär
die Mähr
das Militär
der Millionär
das Necessär
ordinär
originär
der Parlamentär
pekuniär
der Pensionär
populär
prekär

primär
regulär
rudimentär
irregulär
ein Revolutionär
revolutionär
der Sekretär
sekundär
singulär
der Solitär
temporär
ungefähr
der Visionär
der Volontär
vulgär
ich wär'
(dazu er)

AERBE

ich färbe
ich gärbe (auch gerbe)
ich verdärbe
(dazu erbe)

AERBER

der Färber
der Gerber

AERBUNG

die Färbung
die Gärbung
die Verfärbung

AERCHE

die Lärche
(dazu erche)

AERCHEN-AEHRCHEN

das Altärchen
das Bärchen
ein Härchen
ein Jährchen
das Klärchen
die Lärchen
ein Märchen
ein Pärchen
(dazu erchen)

AEHRDE

ich gefährde
Gebärde
ich gebärde (mich)

AEHRDEN

sich gebärden
gefärden
die Gebärden
die Gefährten

AERE-AEHRE

die Affäre
die Ähre
die Aktionäre

die Atmosphäre
die Barriere
ich bewähre
die Emissäre
ich erkläre
ich ernähre
familiäre
die Fähre
ich gäre
ich gebäre
der Gondoliere
die Hetäre
imaginäre
die Karriere
ich kläre
die Megäre
die Missäre
die Millionäre
ich nähre
die Necessäre
ordinäre
originäre
die Parlamentäre
die Pensionäre
populäre
die Premiere
primäre
reguläre
die Schimäre
die Sekretäre
singuläre
solidäre
die Solitäre
die Sphäre
die Stratosphäre
temporäre
die Voliere
vulgäre
ich wäre
ich währe
ungefähre
ich verjähre
die Zähre

AEREN-AEHREN

den Aktionären
die Affairen
die Bären
bewähren
den Emissären
ernähren
erklären
gären
gebären
gewähren
jähren
klären
den Kommissionären
den Millionären
nähren
ordinären
populären
primären
regulären
temporären
die Schwären
den Visionären
verjähren
währen

AEREND

fortwährend
gärend
gebärend
klärend
nährend
schwärend
verklärend
während

AERER

der Aufklärer
der Erklärer
der Ernährer
ein fairer
ein vulgärer
(siehe erer)

AERFE

ich schärfe
die Schärfe
ich wärfe

AERFEN

entschärfen
schärfen
verschärfen

AERFT

entschärft
geschärft
verschärft
er schärft
(dazu erft)

AERGE

ich bärge
ich verbärge
die Särge

AERGER

ärger
der Ärger
kärger

AERGSTE

das Ärgste
der Kärgste

AERIG-AEHRIG

diesjährig
gärig
jährig
halbjährig
langjährig
mehrjährig
minderjährig
obergärig
untergärig
volljährig
willfährig

AERISCH-AEHRISCH

hetärisch
sphärisch

AERKE

die Stärke
ich stärke
(dazu erke)

AERKEN

bestärken
stärken
verstärken
(dazu erken)

AERKER

der Ärker (auch Erker)
der Märker
stärker
Verstärker

AERLICH-AEHRLICH

alljährlich
erklärlich
gefährlich
jährlich
1- 2- etc. jährlich
halbjährlich
spärlich
unerklärlich
ungefährlich
vierteljährlich

AERM

das Gedärm
das Gelärm
der Lärm
ich schwärm

AERMCHEN

das Ärmchen

AERME

die Därme
die Gedärme
das Gelärme
die Schwärme
die Wärme
ich schwärme
ich härme (mich)

AERMEN

aufwärmen
erwärmen
sich härmen
herumschwärmen
lärmen
schwärmen
umschwärmen
vorschwärmen
wärmen

AERMER

ärmer
ein Schwärmer
wärmer

AERMLICH

ärmlich
erbärmlich

AERRCHEN

ein Närrchen
(dazu errchen)

AERREN

plärren

AERRT

er plärrt
(dazu errt)

AERSE

die Ferse

AERT

abgeklärt
aufgeklärt
bewährt
er fährt
er erfährt
es gärt
das Gefährt
ungeklärt
unterernährt
er verfährt
verjährt
verklärt
ihr wärt

AERTE-AEHRTE

die Bärte
die Fährte
ich erhärte
es gährte
der Gefährte
die Härte
er nährte
ich plärrte
es verjährte
der Verklärte
(dazu erte)

AERTEN-AERRTEN

den Bärten
die Fährten
sie erklärten
die Gärten
die Gefährten
die Härten
sie nährten
sie plärrten
(dazu erten)

AERTER-AEHRTER

ein Aufgeklärter
ein bewährter
ein gewährter
härter
ein Verklärter
ein verjährter
ein Wärter
ein wohlgenährter
(dazu erter)

AERTHEIT-AEHRTHEIT

die Aufgeklärtheit
die Verklärtheit
die Wohlgenährtheit

AERTIG

anderwärtig
auswärtig
bärtig
gewärtig
gegenwärtig
hoffärtig
widerwärtig

AERUNG-AEHRUNG

die Bewährung
die Erklärung
die Ernährung
die Gärung
die Gewährung
die Klärung
die Verjährung
die Verklärung
die Währung
(dazu ehrung)

AERZ

März
himmelwärts
ich schwärz
(dazu erz)

AERZE

Schwärze
ich schwärze

AERZEN

anschwärzen
ausmerzen
schwärzen
im Märzen

AERZLICH

märzlich
schwärzlich
(dazu erzlich)

AERZT

angeschwärzt
ausgemerzt

geschwärzt
er schwärzt

AERZUNG

die Schwärzung

AES

besäß
ich fräß'
das Gefäß
gemäß
das Gesäß
der Käs
ich läs
ich vergäß'
ich säß'
sachgemäß
termingemäß

AESCH

das Genäsch
das Gewäsch

AESCHCHEN

das Fläschchen
das Täschchen

AESCHE

die Äsche (auch Esche)
die Wäsche

AESCHEN

das Bäschen
das Bläschen
das Gläschen
das Häschen
das Näschen
das Späßchen

AESCHER

Häscher
Wäscher

AESCHERN

einäschern
den Häschern
den Wäschern

AESE-AEßE

ich äse
das Gebläse
der Käse
die Majonnaise
die Polonaise
ich äße
ich säße
ich vergäße

AESEN

äsen
sie äßen

sie besäßen
fräsen
den Gefäßen
käsen
sie läsen
sie vergäßen
den Späßen

AESER

die Aeser
der Bläser
die Fräser
die Gläser
die Gräser
ein Bergsträßer
in sachgemäßer

AEßIG

gefräßig
gleichmäßig
käsig
mäßig
mittelmäßig
rechtmäßig
regelmäßig
übermäßig
unmäßig
verhältnismäßig
vorschriftsmäßig

AEßCHEN

das Fäßchen
das Gäßchen
das Tässchen

AESSE

die Anlässe
die Blässe
die Erlässe
die Nässe
die Pässe

AESSER

blässer
die Fässer
das Gewässer
nässer
die Wässer
(dazu esser)

AESSERN

bewässern
entwässern
den Fässern
den Gewässern
wässern

AESSIG

gehässig
lässig
unablässig
fahrlässig
durchlässig

nachlässig
zuverlässig
zulässig
unzulässig
(dazu essig)

AEẞLICH

bläßlich
gräßlich
häßlich
läßlich
unerläßlich
unpäßlich
verläßlich
(dazu esslich)

AEST-AEẞT

er läßt
er erläßt
er verläßt
er bläst
ihr läst
ihr vergäßt
ihr säßt
du schmäh'st
du späh'st

AESTCHEN

das Ästchen
das Kästchen
das Palästchen
(dazu estchen)

AESTE-AEẞTE

die Äste
die Gäste
das Geäste
ich mäste
die Moräste
die Paläste
ich näßte
er äste

AESTELN

einkästeln
verästeln

AESTEN

die Kästen
mästen
die durchnäßten
den Ästen
den Palästen
(dazu esten)

AESTER

Geläster
Schweinemäster
ein durchnäßter

AESTERN

lästern
(dazu estern)

AESTIGEN

belästigen
(dazu estigen)

AESTIGUNG

Belästigung
(dazu estigung)

AET-AETH-AEHT

die Abnormität
die Aktivität
die Admiralität
die Affinität
die Agilität
die Animosität
die Antiquität
die Autorität
die Bestailität
die Bonität
die Brutalität
die Kalamität
die Kapazität
die Kauslalität
die Konformität
die Kongenialität
die Kuriosität
die Diät
die Elektrizität
die Enormität
die Extremität
die Fakultät
die Formalität
die Genialität
die Humanität
die Immoralität
die Immunität
die Inaktivität
die Individualität
die Inhumanität
die Intellektualität
die Intimität
die Invalidität
die Invisibilität
die Irregularität
die Irreligiosität
die Jovialität
die Legalität
die Legitimität
die Lokalität
die Loyalität
die Majestät
die Majorität
die Mediokrität
die Minorität
die Mobilität
die Modalität
die Moralität
die Nationalität
die Neutralität
die Novität
die Obszönität
die Opportunität
die Originalität
die Parität
die Passivität
die Personalität
die Perversität

die Pietät
die Plausibilität
die Pluralität
die Polarität
die Popularität
die Produktivität
die Profanität
die Pubertät
die Publizität
die Qualität
die Quantität
die Rarität
die Realität
die Religiosität
die Rivalität
die Sanität
die Schwulität
die Skurrilität
die Sekurität
die Sensibilität
die Sensualität
die Sentimentalität
die Sexualität
die Simplizität
die Singularität
die Solidarität
die Souveränität
die Spontanität
die Stabilität
die Sterilität
die Stupidität
die Universität
die Urbanität
die Varietät
die Virtuosität

spät
es gerät
aufgebläjt
er berät
er brät
gemäht
genäht
gesät
tête-a-tête
verschmäht
zugenäht
er kräht
er sät
ich tät

AETCHEN

Drähtchen
Städtchen
Traktätchen

AETE

ich bäte
die Drähte
Geräte
Gräte
Nähte
Räte
ich entgräte
ich mähte
ich spähte
ich jäte
ich täte
die Unstete

AETEN

sie bäten
Diäten (Gelder)
die Gräten
entgräten
jäten
sie täten
sie mähten
sie nähten
verspäten
verschmähten
die Raritäten

AETER

der Bräter
Sanitäter
Städter
der Täter
Attentäter
Missetäter
die Väter
Verräter
der Äther
der Verräter
der Städter
später
ein aufgeblähter
ein verschmähter

AETIG

grätig
hochkarätig
unstetig
tätig
unflätig
vorrätig
wohltätig

AETIGEN

bestätigen
betätigen
die unflätigen
die wohltätigen

AETISCH

gravitätisch
majestätisch
paritätisch
städtisch

AETLICH

rötlich
tätlich

AETSCHELN

hätscheln
tätscheln

AETSCHEN

grätschen
kardätschen
die Kartätschen

AETSCHER

der Gletscher
das Geplätscher

AETSCHERN

plätschern

AETT

ich glätt
ich hätt
(dazu ett)

AETTCHEN

Blättchen
Plättchen
(dazu ettchen)

AETTE

glätte
die Glätte
ich hätte
die Plätte
ich plätte
die Stätte
die Sättel

AETTEN

glätten
sie hätten
die Plätten
plätten
die Stätten

AETTER

die Blätter
der Glätter
der Stätter

AETTERN

blättern
abblättern
durchblättern
entblättern
umblättern
vorblättern
zurückblättern
den Plättern

AETZ

Geschwätz
ich schwätz

AETZCHEN

Frätzchen
Kätzchen
Lätzchen
Mätzchen
Hosenmätzchen
Plätzchen
Sätzchen

Schätzchen
Schmätzchen
Schwätzchen
Spätzchen
Tätzchen

AETZE

Krätze
Lätze
Plätze
Sätze
Schätze
Schmätze
ich schätze
ich schwätze

AETZEN

ätzen
schätzen
abschätzen
einschätzen
überschätzen
unterschätzen
verschätzen
schwätzen
den Plätzen
den Schätzen

AETZER

Krätzer
Schwätzer
(dazu etzer)

AETZIG(CH)

geschwätzig
krätzig
schätz ich
(dazu etzig)

AETZLICH

gegensätzlich
grundsätzlich
(dazu etzlich)

AETZT

geätzt
geschätzt
überschätzt
unterschätzt
verätzt
verkrätzt
er schätzt
er schwätzt
(dazu etzt)

AETZUNG

Ätzung
Schätzung
(dazu etzung)

AEU

Gebräu
die Säu

ich vertäu
(dazu eu)

AEUBCHEN

das Häubchen
das Schräubchen
das Stäubchen
das Täubchen
das Träubchen

AEUBE

ich stäube
bestäube
ich sträube
ich betäube

AEUBEN

stäuben
sträuben
betäuben
übertäuben

AEUBER

Räuber
Täuber
Zerstäuber

AEUBERN

ausräubern
säubern
den Räubern
den Zerstäubern

AEUBIG

gläubig
abergläubig
andersgläubig
blindgläubig
kleingläubig
leichtgläubig
mißgläubig
ungläubig

AEUBT

bestäubt
betäubt
zerstäubt

AEUBUNG

die Bestäubung
die Betäubung

AEUCH

das Gesträuch
die Gebräuch'
(dazu euch)

AEUCHE

die Bäuche
die Bräuche

die Gebräuche
die Schläuche
die Sträuche

AEUCHEN

das Bäuchen
das Gesträuchen

AEUCHERN

räuchern
ausräuchern
einräuchern
zuräuchern

AEUCHIG

bäuchig
dickbäuchig
speckbäuchig

AEUDE

das Gebäude
die Räude

AEUDIG

räudig

AEUE

die Bläue
ich dräue
ich käue (wieder)
die Schläue
die Säue

AEUEL

der Gräuel (auch Greuel)
das Knäuel

AEUEN

bläuen
dräuen
vertäuen
wiederkäuen
den Säuen
(dazu euen)

AEUEND

dräuend
käuend

AEUER

ein Häuer
Wiederkäuer
das Gemäuer
(dazu euer)

AEUERLICH

bäuerlich
säuerlich
(dazu euerlich)

AEUF

Geläuf
ich ersäuf
ich häuf'

AEUFCHEN

ein Häufchen

AEUFE

die Käufe
die Läufe
Flintenläufe
Hinterläufe
Lebensläufe
Wasserläufe
die Verkäufe
die Verläufe
ich häufe
ich träufe

AEUFEL

Geträufel
Häufel
ich häufel
ich träufel

AEUFELN

häufeln
schäufeln
träufeln

AEUFEN

häufen
anhäufen
überhäufen
säufen
ersäufen
träufen
den Käufen
den Läufen

AEUFER

der Käufer
der Verkäufer
der Läufer (Teppich)
der Läufer (Laufender)
der Überläufer
der Säufer
der Täufer
der Wiedertäufer

AEUFIG

häufig
läufig
geläufig

AEUFT

gehäuft
ersäuft
er säuft
er häuft
(dazu euft)

AEUFTER

ein gehäufter
ein Ersäufter

AEUGEN

beäugen
säugen

AEUGER

der Beäuger
der Säuger

AEULCHEN

das Gäulchen
das Keulchen
das Knäulchen
das Mäulchen
das Säulchen

AEULE

Eule
Fäule
Gäule
Säule

AEULICH

bläulich
jungfräulich
gräulich

AEULIG

mäulig
breitmäulig
großmäulig
(dazu eulich)

AEUMCHEN

Bäumchen
Däumchen
Pfläumchen
Räumchen
Träumchen

AEUME

die Bäume
ich bäume
die Räume
ich räume
ich säume
die Säume
ich schäume
ich träume
die Träume
ich zäume
die Zäume

AEUMEN

aufbäumen
den Räumen
räumen
abräumen

ausräumen
einräumen
säumen
den Säumen
schäumen
aufschäumen
träumen
zäumen

AEUMER

der Räumer
ein Säumer
ein Träumer

AEUMIG

geräumig
säumig

AEUMT

aufgebäumt
aufgeräumt
aufgezäumt
umsäumt
umschäumt
verträumt
er räumt
er säumt

AEUMUNG

die Aufbäumung
die Räumung

AEUN

dräun
wiederkäun
ich bräun
ich umzäun

AEUNE

die Bräune
ich bräune
die Zäune

AEUNEN

bräunen
zäunen
umzäunen
(dazu eunen)

AEUNT

gebräunt
umzäunt
er bräunt
(dazu eunt)

AEUNUNG

die Bräunung
die Umzäunung

AEURE

das Gemäure
die Säure

AE-US

Bartholomäus
Judas Maccabaeus
Matthaeus
Piraeus
Ptolemäus
Thaddaeus

AEUS

Gehäus
die Läus'
die Mäus'

AEUSCH

das Geräusch
ich enttäusch
ich täusch

AEUSCHE

die Bäusche
die Geräusche
ich täusche
enttäusche
(dazu eusche)

AEUSCHEN

den Geräuschen
täuschen
enttäuschen

AEUS-CHEN

das Häuschen
das Läuschen
das Mäuschen
das Päuschen
das Sträußchen
(dazu eus-chen)

AEUSCHUNG

die Täuschung
Augentäuschung
Selbsttäuschung
die Enttäuschung

AEUSE

das Gehäuse
die Läuse
die Mäuse
(dazu euse)

AEUSEL

das Häusel
das Mäusel
das Gesäusel
(dazu eusel)

AEUSELN

kräuseln
säuseln
(dazu euseln)

AEUSEN

den Gehäusen
den Läusen
den Mäusen
(dazu eusen)

AEUSER

den Karthäuser
der Duckmäuser
die Häuser
der Mühlhäuser
der Nordhäuser
der Sachsenhäuser
der Schaffhäuser

AEUSERN-AEUßERN

äußern
entäußern
veräußern
im Äußern

AEUSLEIN

Häuslein
Mäuslein
Sträußlein

AEUTCHEN

das Bräutchen
das Häutchen
das Kräutchen

AEUTE

die Bräute
die Häute
ich häute
ich käute
ich läute
das Geläute
(dazu eute)

AEUTEN

häuten
abhäuten
das Läuten
läuten
anläuten
einläuten
den Bräuten
den Häuten
(dazu euten)

AEUTER

ein Bärenhauter
die Kräuter
Alpenkräuter
Küchenkräuter
ich erläuter
ich läuter

AEUTERN

läutern
erläutern

den Kräutern
(dazu eutern)

AEUTIG

häutig
häut ich
läut ich
(dazu eutig)

AEUZCHEN

das Käuzchen
das Schnäuzchen

AEUZE

die Käuze
die Schnäuze

AEZEL

die Bräzel (siehe Brezel)
die Rätsel

AEZLE

das Gebräzle
Späzle
ich enträtsle

AF

Autograph
Biograph
brav
Graf
Geograph
Kalligraph
konkav
Paragraph
Phonograph
Pornograph
Schaf
Schlaf
Nachtschlaf
Winterschlaf
Zauberschlaf
Stenograph
Telegraph
ich traf
betraf
ich schlaf
übertraf

AFE

die Schafe
im Schlafe
die Strafe
ich bestrafe
ich schlafe

AFEL

das Geschwafel
Getafel
die Tafel
ich schwafel
ich tafel

AFEN

den Grafen
der Hafen
schlafen
einschlafen
entschlafen
überschlafen
strafen
bestrafen
sie trafen
betrafen
übertrafen

AFER

der Hafer
der Bestrafer
ein braver

AFF

Aff
Haff
Kaff
Pfaff
Dompfaff
baff
schlaff
straff
piff-paff!

AFFA

Jaffa

AFFE

der Affe
die Karaffe
die Giraffe
der Laffe
der Pfaffe
in dem Kaffe
ich raffe
ich schaffe
ich erschlaffe
der straffe
die Waffe

AFFEL

Gaffel
Geraffel
Staffel
Waffel

AFFEN

die Affen
blaffen
anblaffen
gaffen
klaffen
aufklaffen
die Pfaffen
raffen
schaffen
abschaffen
anschaffen
beischaffen

fortschaffen
wegschaffen
beschaffen
paffen
rechtschaffen
wohnschaffen
abschlaffen
erschlaffen
straffen
Waffen

AFFER

Blaffer
Gaffer
Raffer
Erschaffer
Metapher
Zeitraffer
ein schlaffer
ein straffer

AFFNE

der Erschaffne
ich waffne
ich bewaffne
Daphne

AFFNEN

bewaffnen
dem Erschaffnen
die rechtschaffnen
die wohlbeschaffnen

AFFNER

der Schaffner

AFFUNG

die Erschaffung

AFISCH

biografisch
fotografisch
geographisch
stenographisch
telegrafisch

AFLE

ich schwafle
ich tafle

AFT

die Haft
Kerkerhaft
boshaft
dauerhaft
ehrenhaft
ekelhaft
ernsthaft
fabelhaft
fehlerhaft
fieberhaft
flatterhaft
flegelhaft

frevelhaft
geisterhaft
gewissenhaft
glaubhaft
grauenhaft
greuelhaft
habhaft
heldenhaft
herzhaft
jungenhaft
krampfhaft
krankhaft
lasterhaft
lebhaft
lehrhaft
lückenhaft
märchenhaft
mangelhaft
meisterhaft
musterhaft
nahrhaft
naschhaft
pöbelhaft
rätselhaft
riesenhaft
schadhaft
schalkhaft
schamhaft
schauderhaft
scherzhaft
schmackhaft
schmeichelhaft
schmerzhaft
schwatzhaft
seßhaft
sklavenhaft
spaßhaft
standhaft
statthaft
sündhaft
tölpelhaft
tugendhaft
vorteilhaft
wohnhaft
zaghaft
zauberhauft
zweifelhaft
zwitterhaft
die Kraft
Beweiskraft
Einbildungskraft
Fassungskraft
Fliehkraft
Gegenkraft
Gesetzkraft
Heilkraft
Körperkraft
Lebenskraft
Leibeskraft
Manneskraft
Muskelkraft
Naturkraft
Nervenkraft
Schwerkraft
Schwungkraft
Sehkraft
Spannkraft
Streitkraft
Tatkraft
Trägheitskraft

Triefkraft
Urteilskraft
Vorstellungskraft
Willenskraft
der Saft
der Schaft
er schafft
die Anwartschaft
die Arbeiterschaft
die Autorschaft
die Barschaft
die Bekanntschaft
die Bereitschaft
die Botschaft
die Brüderschaft
die Bürgerschaft
die Bürgschaft
die Eigenschaft
die Errungenschaft
die Kameradschaft
die Dienerschaft
die Erbschaft
die Feindschaft
die Freundschaft
die Gefangenschaft
die Gegnerschaft
die Gemeinschaft
die Genossenschaft
die Gerätschaft
die Gesandschaft
die Gesellschaft
die Gewerkschaft
die Grafschaft
die Herrschaft
die Hinterlassenschaft
die Jungfernschaft
die Kennerschaft
die Knappschaft
die Knechtschaft
die Körperschaft
die Kundschaft
die Landsmannschaft
die Landschaft
die Leidenschaft
die Liebschaft
die Mannschaft
die Meisterschaft
die Mutterschaft
die Nachbarschaft
die Nachkommenschaft
die Ortschaft
die Patenschaft
das Petschaft
die Pflegschaft
die Priesterschaft
die Rechenschaft
die Ritterschaft
die Sippschaft
die Turnerschaft
die Verwandtschaft
die Völkerschaft
die Vormundschaft
die Wanderschaft
die Wirtschaft
die Wissenschaft
die Witwenschaft
die Zeitgenossenschaft
die Zeugschaft
die Zuhörerschaft

AFTEN

vergemeinschaften
vergesellschaften
kundschaften
auskundschaften
bewirtschaften
erwirtschaften
gafften
haften
verhaften
entsaften
sie rafften
verkraften
die Leidenschaften
die tugendhaften

AFTER

After
Auskundschafter
Botschafter
Gesellschafter
Klafter
Kundschafter
Wirtschafter
Wissenschafter
ein geraffter
ein herbeigeschaffter
grauenhafter
ein zauberhafter

AFTIG

leibhaftig
saftig
wahrhaftig

AFTLICH

feindschaftlich
freundschaftlich
gemeinschaftlich
gesellschaftlich
herrschaftlich
landsmannschaftlich
landschaftlich
leidenschaftlich
verwandschaftlich
vormundschaftlich
wirtschaftlich
wissenschaftlich

AFTUNG

die Vergemeinschaftung
die Vergesellschaftung
die Haftung
die Verhaftung
die Bewirtschaftung

AFTVOLL

kraftvoll
saftvoll

AG

der Areopag
frag'!

er lag
Verlag
Prag
der Sarkophag
der Schlag
Abschlag
Verschlag
Anschlag
Aufschlag
Ausschlag
Bergschlag
Beschlag
Blitzschlag
Einschlag
Faustschlag
Fehlschlag
Flügelschlag
Gegenschlag
Hagelschlag
Handschlag
Hufschlag
Kanonenschlag
Keulenschlag
Menschenschlag
Mißschlag
Nachschlag
Nackenschlag
Niederschlag
Pulsschlag
Ratschlag
Ritterschlag
Rückschlag
Ruderschlag
Schwertschlag
Stundenschlag
Taktschlag
Taubenschlag
Totschlag
Überschlag
Umschlag
Vorschlag
Wagenschlag
Zuschlag
der Tag
der jüngste Tag
Städtetag
Stichtag
Todestag
Trauertag
der Antrag
der Auftrag
der Betrag
der Beitrag
der Ertrag
der Nachtrag
der Übertrag
der Vertrag
der Vortrag
ich vermag
zag
ich frag
ich lag
ich trag
ich wag

AGD

die Jagd
die Magd
(dazu agt)

AGE-AGGE

die Flagge
ich frage
die Frage
Examenfrage
Gegenfrage
Gejage
Geklage
Gewissensfrage
Nachfrage
Preisfrage
Rätselfrage
Rechtsfrage
Spottfrage
Streitfrage
Umfrage
ich befrage
ich klage
die Klage
die Anklage
die Lage
Anlage
Auflage
Auslage
Einlage
Grundlage
Niederlage
Unterlage
die Plage
ich rage
überrage
ich sage
besage
die Sage
Absage
Ansage
Aussage
Göttersage
Heldensage
Volkssage
Voraussage
Vorhersage
Zusage
heutzutage
ich schlage
dem Schlage
die Tage
die Trage
die vage
ich wage
das Gewage
die Waage
verzage

AGEL

Hagel
Nagel
Zagel

AGELN

hageln
nageln

AGEN

fragen
abfragen

anfragen
ausfragen
befragen
erfragen
nachfragen
behagen
das Behagen
jagen
davonjagen
erjagen
verjagen
das Jagen
die Klagen
klagen
anklagen
beklagen
einklagen
wehklagen
das Klagen
der Kragen
die Lagen
der Magen
nagen
die Plagen
plagen
ragen
aufragen
emporragen
herausragen
hervorragen
überragen
die Sagen
sagen
vom Hörensagen
schlagen
das Schlagen
beschlagen
verschlagen
tagen
tragen
abtragen
auftragen
antragen
auftragen
beauftragen
austragen
betragen
beitragen
ertragen
nachtragen
vertragen
vortragen
zutragen
zusammentragen
das Betragen
wagen
der Wagen
zagen
verzagen
das Zagen

AGER

der Ansager
der Frager
der Ja-Sager
das Lager
der Leuteplager
mager
der Nager

die Prager
der Schlager
der Schwager
der Versager
der Wahrsager
der Weissager
ein vager
ein zager

AGHEIT

die Vagheit
die Zagheit

AGISCH

magisch
tragisch

AGLICH

behaglich
fraglich
vertraglich

AGNIS

das Wagnis

AGT

behagt
betagt
gefragt
gejagt
gesagt
es tagt
ihr lagt
ihr tragt

AGTER

ein Befragter
ein Gejagter
ein Beklagter
ein geplagter
ein Betagter
ein Verzagter

AGTHEIT

Betagtheit
Gewagtheit
Verzagtheit

AGUNG

die Befragung
die Danksagung
die Entsagung
die Tagung
die Übertragung
die Unterschlagung
die Wahrsagung
die Weissagung
die Vertagung

AGUS

der Magus

AH

nah
er sah
er besah
er versah
es geschah

AHE

ich bejahe
ich nahe
beinahe

AHEN

bejahen
fahen
nahen
herannahen
die nahen
sie sahen

AI-AY

die Bai
Bombay
der Hai
der Kai
der Lakei
der Mai
Paraguay
Karavanserei
Tokay
(dazu ei)

AIB

das Laib
das Weib

AID

die Maid
der Waid

AIDE

das Getreide

AIE-AYE

der Laie
der Malaye

AIER-AYER

der Bayer
der Maier (auch Meier)
der Tokaier
(dazu eier)

AIL

Detail
Etmail

AILLE

Bataille
Emaille

Kanaille
Taille

AIN

der Hain
Krain
Main
der Rain
der Refrain
das Terrain
(dazu ein)

AINER

der Anrainer
(dazu einer)

AIS

Mais
(dazu eis)

AISCH

Altonaisch
Gothaisch
Jenaisch
mosaisch
prosaisch

AISE

die Waise
(dazu eise)

AISER

Kaiser
(dazu eiser)

AITE

die Saite
(dazu eite)

AITEN

die Saiten
besaiten

AK

das Ammoniak
der Bosniak
das Gequak
der Kakerlak
der Kosak
der Polak
der Salmiak
der Tabak
quak
ich erschrak
er stak

AKE

die Baracke
das Gequake
der Kanake
die Kloake
der Kosake

die Krake
die Lake
der Polake
die Schnake
die Attacke
ich quake
ich stake

AKEL

das Debakel
das Gekrakel
der Makel
das Mirakel
das Orakel
das Spektakel
das Tabernakel
das Tentakel

AKELN

vermakeln
abtakeln
auftakeln
krakeln
orakeln
den Orakeln
die Tentakeln

AKEN

die Baken
die Bosniaken
die Kakerlaken
die Kloaken
die Lakenc
blaken
sie erschraken
haken
abhaken
einhaken
nachhaken
der Haken
die Laken
das Laken
die Polaken
die Schnaken

AKT

eingehakt
er quakt

AKTIK

Didaktik
Praktik
Taktik

AKTION

Aktion
Attraktion
Fraktion

AKTISCH

didaktisch
faktisch
praktisch

prophylaktisch
taktisch

AKTOR

der Faktor
der Kalfaktor
der Redaktor
der Refraktor
der Traktor

AL

Karneval
Escorial
Hannibal
das Madrigal
Parzival
Portugal
Senegal

AL-AHL

der Aal
der Admiral
das Areal
das Arsenal
der Bacchanal
der Kanal
das Kapital
der Choral
der Dual
der Fanal
das Futteral
der General
der Gral
das Hospital
das Ideal
das Journal
der Kardinal
der Korporal
das Lineal
das Lokal
allemal
ein andermal
dazumal
diesmal
ein- 100- etc. mal
keinmal
zumal
das Manual
das Mineral
die Moral
der Opal
das Original
das Oval
das Palais royal
das Pedal
das Personal
der Plural
der Pokal
das Portal
der Prinzipal
die Qual
das Quartal
das Regal
das Ritual
der Saal
Sardanapal
der Skandal

das Signal
spezial
ein Drangsal
die Labsal
die Mühsal
das Rinnsal
das Schicksal
das Scheusal
das Trübsal
das Tal
das Tribunal
der Vokal
der Wal
bronchial
brutal
kapital
kausal
zentral
zentrifugal
zentripetal
klerikal
kollegial
kolonial
kontinental
diagonal
diametral
differential
egal
exterritorial
fatal
feudal
final
frugal
fundamental
general
genial
horizontal
ideal
illegal
imperial
initial
integral
irrational
kolossal
legal
letal
liberal
lokal
loyal
national
neutral
normal
oval
partial
pastoral
radikal
rational
real
rustikal
sentimental
sozial
territorial
total
transzendental
trivial
universal
verbal
vertikal
vital
fahl

er befahl
empfahl
kahl
der Gemahl
das Mahl
das Mal
der Pfahl
der Stahl
er stahl
der Diebstahl
der Strahl
die Wahl
die Zahl

ALB

Alb (Gebirge)
falb
halb
andert-, 3-, 4- etc.
außerhalb
deshalb
innerhalb
weshalb
das Kalb
ich salb

ALBE

die Albe
die halbe
dem Kalbe
ich salbe
die Salbe
die Schwalbe

ALBEN

die Alben
halben
allenthalben
meinethalben
seinethalben
unserethalben
kalben
die Salben
salben
die Schwalben

ALBER

das Gealber
der Salber
der Quacksalber
ein falber
ein halber

ALBERN

albern
kalbern
veralbern
quacksalbern

ALBHEIT

Halbheit

ALBUNG

Salbung

ALD

bald
alsbald
sobald
Archibald
Macdonald
Oswald
Theobald
der Wald
(siehe auch alt)

ALDE

der Alkalde
die Halde
der Skalde
im Walde

ALDEN

die Halden
Unterwalden
bewalden
entwalden

ALDIG

baldig
waldig

ALDISCH

schmalkaldisch
unterwaldisch

ALDO

Rinaldo
der Saldo
per Saldo

ALE-AHLE

dem Aale
die Ahle
dem Arsenale
der Bengale
die Kabale
das Kahle
der Kannibale
die Kathedrale
dic Zentrale
die Diagonale
das Finale
das Formale
am Generale
am Ideale
im Journale
das Lokale
zum ersten, 2., 3., etc. male
viele male
das Normale
das Orale
der Orientale
das Originale
das Ovale
das Pastorale
des Pönitentiale
im Pokale
dem Portale

dem Quartale
der Rivale
im Saale
der Salto mortale
die Sandale
die Schale
dem Skandale
das Schmale
die Spirale
im Tale
das Triviale
das Universale
der Vandale
die Vokale
ein Wale
der Westfale
die Zentrale
eine fahle
ich prahle
ich zahle

ALEN-AHLEN

sich aalen
die Annalen
den Fanalen
den Idealen
in Journalen
die Neutralen
den Pedalen
den Regalen
die Rivalen
die Sandalen
die Schalen
die Spiralen
sie befahlen
empfahlen
die kahlen
mahlen
zermahlen
gemahlen
prahlen
sie stahlen
die Strahlen
strahlen
anstrahlen
ausstraheln
einstrahlen
überstrahlen
die Zahlen
zahlen
bezahlen

ALER-AHLER

ein idealer
ein Liberaler
der Maler
ein Schmaler
der Taler
ein Prahler
ein schaler
ein schmaler
ein Strahler
ein Zahler

ALERISCH

malerisch
prahlerisch

ALF

Alf
es half
Ralf

ALG

Balg
Blasebalg
Talg

ALGE

Alge
dem Balge
ich balge

ALGEN

die Algen
balgen
der Galgen

ALHANS

der Prahlhans
der Schmalhans

ALHEIT

die Fahlheit
die Kahlheit
die Schalheit
die Schmalheit

ALI

Ali
das Kali
Alkali

ALIA

Alitalia
Alkalia
Australia
Italia

ALIE

Dalie
Lappalie
Repressalie

ALIEN

die Alkalien
Australien
Fressalien
Italien
Lappalien
Marginalien
Materialien
Mineralien
Repressalien

ALIG-AHLIG

damalig
einmalig

ALIN

Gemahlin
Generalin
Prinzipalin
Rivalin
Vestalin

ALISCH

alkalisch
animalisch
astralisch
bengalisch
bestialisch
genialisch
infernalisch
moralisch
musikalisch
orientalisch
physikalisch
theatralisch

ALK

der Alk
der Kalk
der Katafalk
der Schalk
ich walk

ALKE

der Falke
dem Schalke
ich kalke
ich walke

ALKEN

der Balken
die Falken
den Kalken
den Schalken
walken
kalken

ALL

all (alle)
das All
überall
der Ball
der Maskenball
der Sommerball
der Sonnenball
der Wasserball
der Drall
der Fall
der Sündenfall
der Überfall
der Wasserfall
der Zwischenfall
der Hall
das Intervall
der Knall
das Geknall
der Krawall
das Kristall
das Gelall

die Mall
der Feldmarschall
das Metall
die Nachtigall
der Overall
der Prall
der Schall
das Geschall
der Schwall
der Stall
der Vasall
der Verfall
Walhall
der Wall
der Zusammenprall
ich fall
ich wall

ALLA

Allah
Abdallah
Gala
Kalla
Narrhalla
Walhalla

ALLE

die Dralle
ich falle
die Falle
die Galle
das Geknalle
die Halle
ich knalle
die Koralle
die Kralle
die Kristalle
ich lalle
das Gelalle
ich pralle
die Qualle
das Geschnalle
die Schnalle

ALLEN

die Ballen
ballen
zusammenballen
die Drallen
die Fallen
fallen
anheimfallen
befallen
durchfallen
einfallen
entfallen
gefallen
überfallen
verfallen
zerfallen
der Gefallen
das Wohlgefallen
die Hallen
hallen
verhallen
in Intervallen
die Korallen

knallen
zerknallen
die Krallen
krallen
den Kristallen
lallen
den Metallen
die Quallen
prallen
zusammenprallen
schallen
schnallen
die Schnallen
von allen
wallen

ALLEND

fallend
knallend
lallend

ALLER

der Bestaller
ein draller
Haller
der Knaller
ein praller
der Wiederhaller

ALLES

alles
Dalles
jeden Falles
des Balles
ein dralles

ALLIG

gallig
Hallig
knallig
krallig
quallig

ALLISCH

gallisch
kristallisch
metallisch
phallisch

ALLS-ALS

des Alls
des Balls
falls
der Hals
(siehe als)

ALLUNG

Ballung
Bestallung
Stallung
Umkrallung
Umwallung
Wallung

ALM

die Alm
der Halm
der Psalm
der Qualm
der Salm
ich zermalm

ALME

ich zermalme
ich qualme
die Halme
die Palme
die Psalme

ALMEN

die Almen
den Halmen
die Palmen
den Psalmen
qualmen
zermalmen

ALP

der Skalp
(siehe alb)

ALS

abermals
vielmals
des Aals
des Tals
ich befahl's
ich zahl's
falls
allenfalls
bestenfalls
jedenfalls
keinesfalls
Hals
des Balls
des Zerfalls

ALST-AHLST

du aalst
du malst
du spalst
du mahlst
du prahlst
du strahlst
du zahlst

ALT-AHLT

er aalt
er malt
er schalt
er spalt
er mahlt
er prahlt
er strahlt
er zahlt
bemalt
bezahlt

gezahlt
angezahlt
gemalt
angemalt
handgemalt
geprahlt
verschalt
er strahlt

ALT-ALLT

alt
der Alt (Stimme)
das Alt (Bier)
der Anwalt
der Asphalt
der Aufenthalt
der Basalt
mannigfalt
die Einfalt
der Erhalt
der Halt
der Gehalt (Inhalt)
das Gehalt (Lohn)
Haushalt
Hinterhalt
Inhalt
Unterhalt
die Gestalt
die Gewalt
die Allgewalt
die Naturgewalt
die Staatsgewalt
die Mißgestalt
Halt!
Heilanstalt
der Sachverhalt
Unterhalt
kalt
der Spalt
die Anstalt
abgeprallt
angeschnallt
bestallt
wohlbestallt
dergestalt
geballt
ihr fallt
es knallt
er lallt
es galt
ich halt
(dazu ald)

ALTE-ALLTE

ich halte
es knallte
es prallte
es schnallte
ich erkalte
ich prahlte
ich bezahlte
er lallte
ich spalte
ich gestalte
ich schalte
ich walte
der Balte
ins Kalte

die Alte
die Falte
das Gemalte
die Spalte

ALTEN-ALLTEN

erkalten
falten
entfalten
gestalten
halten
abhalten
aufhalten
behalten
enthalten
erhalten
vorenthalten
schalten
abschalten
einschalten
spalten
ungehalten
unterhalten
veralten
verhalten (zögernd)
verwalten
vorhalten
walten
wohlbehalten
sie entgalten
sie galten
sie schalten (von schelten)
sie vergalten
die knallten
sie lallten
sie schallten
die Alten
die Falten
im Kalten
das Verhalten
die Spalten
spalten
die Gestalten
das Walten

ALTEND

faltend
haltend
spaltend
gestaltend
waltend

ALTER-ALLTER

mit geballter
das Alter
das Kindesalter
das Mannesalter
das Mittelalter
der Falter
der Halter
der Erhalter
der Federhalter
der Büstenhalter
der Unterhalter
der Gestalter
der Raumgestalter
der Psalter

ein kalter
der Schalter
der Spalter
der Verwalter
ein ungestalter

ALTERN

altern
den Gestaltern
den Verwaltern

ALTET-ALLTET

eingeschaltet
erkaltet
gefaltet
gestaltet
mißgestaltet
wohlgestaltet
umgestaltet
ih haltet
ihr knalltet
ihr kralltet
ihr lalltet
ihr faltet
ihr haltet
ihr pralltet
ihr spaltet
ihr verwaltet
er waltet

ALTIG

asphaltig
basaltig
faltig
gewaltig
haltig
eisenhaltig
spaltig
einspaltig
doppelspaltig
mannigfaltig
gestaltig
vielgestaltig

ALTS-ALLTS

des Anwalts
des Asphalts
des Gehalts

ALTSAM

gehaltsam
enthaltsam
unaufhaltsam
unterhaltsam
gewaltsam

ALTUNG

die Faltung
die Entfaltung
die Enthaltung
die Erhaltung
die Haltung
die Erkaltung
die Einschaltung

die Schaltung
die Spaltung
die Gestaltung
die Veranstaltung
die Waltung
die Mühewaltung
die Unterhaltung
die Verwaltung

ALUNG

Bemalung
Strahlung
Bestrahlung
Verschalung
Zahlung
Bezahlung
Übermalung

ALVE

die Malve
die Salve

ALVEN

die Malven
die Salven

ALZ

die Balz
der Falz
das Malz
die Pfalz
das Salz
das Schmalz
die Walz
ich falz
da galt's
ich versalz
da schallt's

ALZE

ich balze
ich falze
ich salze
ich versalze
ich schnalze
die Walze
das Gebalze
das Geschnalze
die Falze
die Salze

ALZEN

balzen
falzen
den Falzen
malzen
salzen
schmalzen
schnalzen
versalzen
walzen
die Pfalzen
den Salzen
die Walzen

ALZER

Falzer
Schnalzer
Walzer

ALZIG

falzig
malzig
salzig
schmalzig
walzig

ALZUNG

die Falzung
die Versalzung
die Schmalzung
die Walzung

AM-AHM

das Amalgam
das Melodram
der Gewahrsam
der Gram
infam
ich kam
der Kram
monogam
polygam
die Prahm
der Rahm
die Scham
lahm
ich nahm
der Rahm
arbeitsam
aufmerksam
lobesam
mitteilsam
tugendsam
unbeugsam
unduldsam
unwegsam
wonnesam
wundersam
die Tram
zahm
ich bekam
ich erlahm
ich nahm

AM-AMM

Abraham
der Bräutigam
der Leichnahm
Mirjam
Rotterdam
das Tam-Tam
Adam
Bertram
Wolfram
achtsam
der Gehorsam
Madam
gemeinsam
genügsam

der Gewahrsam
gewaltsam
grausam
aufmerksam
mühsam
schmiegsam
schweigsam
seltsam
sorgsam
sparsam
wachsam

AMA

Dalai Lama
das Drama
ein Melodrama
die Fama
das Lama
das Panorama

AMBERG

Amberg
Bamberg
der Flamberg

AME-AHME

dem Balsame
die Bestandsaufnahme
die Dame
die Entgegennahme
im Gehorsame
im Gewahrsame
die Gewaltsame
dem Grame
die infame
dem Krame
ich krame
der Name
der Same
ich ahme
der Lahme
die Abnahme
die Einnahme
die Reklame
die zahme

AMEN-AHMEN

Amen!
die Ausnahmen
den Balsamen
den Bisamen
die Brosamen
die Damen
die Dramen
die Einnahmen
das Examen
abrahmen
nachahmen
sie bekamen
die infamen
sie kamen
sie entkamen
kramen
lahmen
die Monogamen
die Polygamen

der Namen
der Samen
ahmen
sie nahmen
sie unternahmen
sie vernahmen
sie verkamen
der Rahmen
rahmen
einrahmen
umrahmen
vereinnahmen
verlangsamen
die zahmen

AMER-AHMER

der Kramer
ein Nachahmer
ein lahmer
ein zahmer
ein infamer

AMES-AHMES

des Grames
ein infames
ein polygames
ein lahmes
ein zahmes

AMIK

Dynamik
Keramik

AMISCH

balsamisch
dynamisch
keramisch

AMM

am
bimbam!
der Bräutigam
der Damm
das Gramm
das Kilogramm
das Anagramm
das Autogramm
das Epigramm
das Kryptogramm
das Monogramm
das Programm
das Stenogramm
das Telegramm
das Tramm
der Kamm
die Klamm
klamm
das Lamm
der Schlamm
der Schwamm
der Slum
der Stamm
das Tamtam
stramm
ich schwamm
ich verdamm

AMME-AME

die Amme
dem Damme
die Flamme
die Gamme
die Schramme
die Stenogramme
auf dem Damme
die Wamme
ich entflamme
ich ramme

AMMEL

die Bammel
der Hammel
das Gerammel
das Gestammel

AMMELN

bammeln
rammeln
verrammeln
sammeln
einsammeln
versammeln
stammeln
die Schrammeln

AMMEN-AMEN

die Ammen
die Flammen
flammen
entflammen
rammen
beisammen
zusammen
die Schrammen
schrammen
sie schwammen
stammen
verdammen
verschlammen
zusammen
die strammen

AMMEND

verdammend
flammend

AMMER

der Ammer
der Hammer
der Jammer
die Kammer
die Klammer
ein klammer
ein strammer

AMMERN

hammern
jammern
die Klammern
klammern

AMMIG

hundertflammig
schlammig
schwammig

AMMLER

ein Rammler
ein Sammler
ein Stammler

AMMLUNG

die Sammlung
die Versammlung
die Einsammlung
die Verrammlung

AMMNIS

die Verdammnis

AMMON

Ammon
der Mammon

AMMT-AMT

allesamt
verdammt
er flammt
er rammt
der Samt
er schlammt
ihr schwammt
er stammt
das Amt
samt
angestammt
entstammt
entflammt
gesamt
insgesamt
verdammt

AMMTEN-AMTEN

die Verdammten
die Beamten
die gesamten

AMMTER-AMTER

ein Verdammter
ein Vergrammter
gesamter
ein Beamter

AMMTHEIT-AMTHEIT

die Verdammtheit
die Gesamtheit
die Verschlammtheit

AMP

der Kamp
der Tramp

AMPE

die Klampe
ich krampe
die Lampe (Licht)
der Lampe (Hase)
die Pampe
die Rampe
die Schlampe
ich stampe
die Wampe

AMPEL

die Ampel
das Gehampel
das Gekampel
das Gestrampel
das Getrampel
der Trampel

AMPELN

hampeln
kampeln
strampeln
trampeln
die Ampeln
den Trampeln

AMPEN

die Lampen
den Rampen
die Schlampen
die Wampen
krampen
verschlampen

AMPF

der Dampf
mit Gestampf
der Kampf
der Krampf
ich dampf
ich stampf

AMPFE

dem Dampfe
im Kampfe
die Klampfe
ich krampfe
ich stampfe

AMPFEN

andampfen
dampfen
verdampfen
krampfen
stampfen
vorübedampfen

AMPFER

der Ampfer
der Dampfer
der Kampfer

der Sauerampfer
der Stampfer

AMPFIG

dampfig
krampfig

AMPFT

verdampft
verkrampft
zerstampft
es dampft
er stampft

AMS

die Gams
der Krimskrams
das Wams
des Grams
des Damms
des Stamms
da kam's
ich nahm's
da schwamm's

AMST-AHMST

du kamst
du kramst
du ahmst
du erlahmst
du verkramst

AMT

ausgekramt
besamt
eingerahmt
erlahmt
nachgeahmt
ihr kamt
er lahmt

AN-AHN

an
Adrian
der Ahn
das Allophan
das Aeroplllan
der Ahn
die Bahn
die Autobahn
die Eisenbahn
die Lebensbahn
die Rodelbahn
die Straßenbahn
der Baldrian
der Blödian
der Castellan
das Cellophan
der Clan
der Dekan
der Diwan
Don Juan
Dummerjan
der Enzian
der Fasan

das Filigran
der Galan
getan
abgetan
angetan
zugetan
das Gran
der Grobian
human
der Hahn
der Jahn
der Kahn
der Kaplan
der Kastellan
Khan
der Koran
ein Kilian
der Kormoran
der Kumpan
der Kran
der Lateran
der Majoran
der Mangan
das Marzipan
der Meridian
momentan
der Nikolan
der Ozean
der Oktavian
das Organ
der Orkan
Pan
ein Parmesan
ein Partisan
ein Pavian
der Pelikan
plan
der Plan
das Porzellan
profan
der Roman
Ramadan
das Saffian
der Safran
der Scharlatan
der Schlendrian
der Schwan
simultan
der Sopran
der Span
spontan
der Talisman
der Thymian
das Titan
der Tran
der Lebertran
der Untertan
untertan
das Uran
urban
Urian
der Vatikan
der Veteran
der Vulkan
der Wahn
der Zahn

AN

(siehe ann)

ANCE

Alliance
Avance
Chance
France
Kontenance
Medisance
Mesalliance
Résistance
Usance
(dazu ence)

AND

das Band
der Brand
ein Deodorand
er fand
die Hand
das Land
der Niemand
das Pfand
der Rand
der Sand
er schwand
der Stand
der Umstand
der Verstand
der Zustand
der Strand
die Wand
der Aufwand
der Einwand
der Vorwand
der Gewand
der Weiland

ANDE

die Bande (Trupp)
die Bande (Bindungen)
die Girlande
der Grande
hierzulande
imstande
Konderbande
Schande
am Strande
ich lande
ich strande

ANDEL

das Bandel
der Handel
die Mandel
der Wandel
ich handel
ich wandel

ANDELN

den Bandeln
anbandeln
behandeln
handeln
mißhandeln
unterhandeln
verhandeln

verschandeln
das Handeln
die Mandeln
wandeln
lustwandeln
verwandeln

ANDELT

eingehandelt
mißhandelt
verschandelt
verwandelt
er handelt
er lustwandelt

ANDEN

die Anden
in Banden
sie banden
die Banden
sie fanden
abhanden
abgestanden
beanstanden
sie bestanden
branden
einverstanden
vorhanden
zuhanden
sie entstanden
sie erstanden
sie gestanden
landen
sie verschwanden
sie standen
sie stranden
umranden
versanden
zuschanden
die Konfirmanden
die Girlanden

ANDER

Alexander
einander
das Durcheinander
durcheinander
miteinander
voneinander
zueinander
der Expander
der Oleander
der Salamander
der Zander
ich wander

ANDERN

wandern
die andern
den Oleandern
den Salamandern

ANDIG

brandig
sandig

ANDLUNG

die Anbandlung
die Handlung
die Behandlung
die Mißhandlung
die Verhandlung
die Verschandlung
die Wandlung
die Verwandlung

ANDO

das Kommando
Fernando
Orlando

ANDRA

Alexandra
Cassayndra

ANDRE

Andre
wandre

ANDRER

ein Andrer
ein Wandrer

ANDSCHAFT

die Landschaft
die Pfandschaft
die Verwandtschaft

ANDUNG

die Brandung
die Gewandung
die Landung
die Versandung
die Umrandung
die Strandung

ANE-AHNE

der Afghane
der Ahne
die Banane
der Bibliomane
der Brahmane
die Courtisane
die Fahne
der Germane
die Karavane
der Kleptomane
die Kurtisane
die Liane
die Membrane
die Ottomane
dem Ozeane
dem Organe
dem Orkane
der Partisane
eine Plane
ich plane
die Platane

die Romane
die Sahne
die Schikane
die Soutane
dem Sultane
dem Talismane
dem Titane
urbane
ich ahne
dem Krane
ich mahne
dem Wahne
dem Zahne
die Zyane

ANEN-AHNEN

die Afghanen
die Ahnen
die Bahnen
die Bibliomanen
den Charlatanen
die Fahnen
den Fasanen
den Filigranen
die Germanen
die Karavanen
den Kumpanen
die Maranen
die Membranen
die momentanen
den Ozeanen
den Organen
den Orkanen
die Partisanen
den Pavianen
den Pelikanen
den Romanen
ermahnen
absahnen
ahnen
bahnen
mahnen
planen
zahnen
verzahnen
die profanen

ANER-AHNER

Afrikaner
Amerikaner
Dominikaner
Eisenbahner
Franziskaner
Indianer
Insulaner
Liliputaner
Lutheraner
Mahner
Mohikaner
Neapolitaner
Persianer
Planer
Primaner
Puritaner
Republikaner
Sekundaner
Straßenbahner
Tertianer

ein humaner
ein spontaner

ANG

bang
das Belang
der Bumeraang
ich drang
der Drang
der Schaffensdrang
der Tatendrang
der Empfang
der Fang
der Gang (Lauf)
der Müßiggang
der Niedergang
der Notausgang
der Übergang
der Untergang
der Gang (Schaltung)
der Gesang
der Abgesang
der Chorgesang
der Hang
der Felsenhang
der Überhang
der Klang
mit Donnerklang
der Glockenklang
der Liederklang
lang (räumlich)
ellenlang
meilenlang
meterlang
entlang
lang (zeitlichd)
lebenslang
nächtelang
tagelang
es gelang
der Rang
im Schwang
er sprang
der Strang
der Überschwang
der Tang
der Zwang
er zwang
es gelang
es klang
ich sang

ANGE

ich bange
die Belange
ich empfange
ich fange
im Gange
ich lange
lange
die Range
die Schlange
im Schwange
die Spange
die Stange
die Wange
die Zange
ich verlange

ANGEL

die Angel
der Gerangel
die Mangel
der Mangel
das Tingeltangel
das Triangel
ich angel
ich hangel

ANGELN

die Angeln
angeln
mangeln
hangeln
rangeln

ANGEN

anfangen
bangen
befangen
gefangen
begangen
behangen
belangen
sie drangen
fangen
gehangen
zulangen
erlangen
gelangen
verlangen
das Verlangen
empfangen
entgangen
sie klangen
sie mißlangen
prangen
sie sangen
sie schlangen
umschlangen
verschlangen
sie schwangen
sie sprangen
die Spangen
die Stangen
das Unterfangen
vergangen
die Wangen
die Zangen
sie zwangen
bezwangen

ANGER

der Anger
der Handlanger
der Pranger
schwanger
ein langer
ein banger

ANGLOS

belanglos
klanglos
ranglos

sanglos
zwanglos

ANGNE

der Gefangne
das Begangne
das Vergangne
der Gehangne

ANGNEN

die Gefangnen
die begangnen
die vergangnen
die Gehangnen

ANGNER

ein Gefangner
ein begangner
ein vergangner
ein Gehangner

ANGST

die Angst
du bangst
du drangst
du langst
du zwangst

ANICH(G)

Kranich
sahnig
tranig
zahnig
ahn ich
mahn ich

ANIEN

die Geranien
die Germanien
die Kastanien
Oranien
Spanien

ANIK

Botanik
Mechanik
Panik

ANISCH

afrikanisch
amerikanisch
botanisch
germanisch
lutheranisch
manisch
mechanisch
mohammedanisch
muselmanisch
organisch
ozeanisch
panisch

puritanisch
republikanisch
romanisch
satanisch
spanisch
titanisch
vulkanisch

ANJE

die Campagne
die Kastanie

ANK

die Bank (Sitzmöbel)
die Bank (Geldinstitut)
blank
Montblanc
der Dank
der Gestank
das Gerank
Frank
krank
ich sank
ich versank
der Schank
schlank
der Schrank
der Schwank
es stank
der Trank
er trank
der Trank
der Zank

ANKE

Anke
ich danke
der Gedanke
das Geranke
das Gezanke
der Kranke
die Planke
die Pranke
der Ranke
ich ranke
die Schranke
dem Schwanke
dem Gestanke
das Gezanke
danke!
ich schwanke

ANKEN

die blanken
danken
bedanken
verdanken
die Gedanken
die Franken
die Kranken
erkranken
die Pranken
die Ranken
sie sanken
die schlanken
die Schranken
schwanken

sie stanken
sie tranken
sie ertranken
zanken

ANKER

der Anker
der Tanker
ein blanker
ein kranker

ANKHAFT

krankhaft
schwankhaft
zankhaft

ANKHEIT

die Blankheit
die Krankheit

ANKIG

rankig
zankig

ANKT

er dankt
sei bedankt !
er erkrankt
er tankt
vollgetankt
er wankt
er zankt

ANLOS

bahnlos
planlos
zahnlos

ANN

an
daran
dran
heran
hinan
hintan
voran
Bann
bergan
dann
alsdann
sodann
Gespann
ich kann
man
der Mann
der Edelmann
der Ehemann
der Hampelmann
der Hintermann
der Mittelsmann
der Steuermann
der Wandersmann
der Spann

der Tann
derTyrann
wann
woran
ich bann
ich sann

ANNA-ANA

Anna
Johanna
das Manna

ANNE-ANE

im Banne
die Granne
die Kanne
dem Manne
die Panne
die Pfanne
die Spanne
ich spanne
die Tanne
die Wanne
ich banne

ANNEN

die Alemannen
bannen
von dannen
sie begannen
die Mannen
ermannen
die Pannen
sie rannen
sie sannen
sie spannen
die Spannen
die Tannen
die Wannen

ANNER

das Banner
der Spanner
begann er
gewann er

ANNS-ANS

die Gans
Hans
das Stimulans
des Manns
ich kann's
ich begann's

ANNST-

der Wanst
du kannst
di bannst
du entrannst

ANNT-ANDT-ANT

gebannt
verbannt

gebrannt
verbrannt
bekannt
erkannt
gekannt
verkannt
gemannt
ernannt
genannt
ihr rannt
ihr sannt
er spannt
ihr zannt
gesandt
gewandt
verwandt
der Adjutant
arrogant
Aspirant
Brillant
Kommandant
Komödiant
der Diamant
der Dilettant
der Disputant
der Duellant
der Elefant
der Emigrant
der Fabrikant
der Flagellant
flagrant
der Foliant
frappant
galant
der Garant
genannt
der Ignorant
imposant
der Infant
der Intendant
interessant
der Lieferant
der Passant
der Pedant
pikant
prägnant
der Proviant
der Provokant
der Querulant
relevant
riskant
der Sekundant
der Sextant
signifikant
der Spekulant
tolerant
der Trabant

ANNTE-ANDTE-ANTE

ich bannte
ich verbannte
ich entbrannte
ich verbrannte
ich kannte
die bekannte
ich erkannte
bemannte
ich nannte
ich ernannte

ich rannte
ich spannte
ich sandte
der Gesandte
der Verwandte
amüsante
arrogante
brillante
die Charmante
Konsonante
Dante
dominante
eklatante
die Elegante
das Gewandte
imposante
intolerante
die Kante
die Levante
die penetrante
die pikante
rasante
relevante
riskante
Rosinante
die Sekante
tolerante
vakante
die Variante

ANNTEN-ANDTEN-ANTEN

die Verbannten
die Bekannten
die Genannten
die Gesandten
sie sandten
sie wandten
die Verwandten
die Adjutanten
die ambulanten
die amüsanten
die arroganten
die Bacchanten
die Brillanten
die Kapitulanten
die charmanten
die Kombattanten
die Kommandanten
die Komödianten
die Konsonanten
die konstanten
die kulanten
die Denunzianten
die Diamanten
diamanten
die Dilettanten
die diskrepanten
die Disputanten
die dominanten
die eklatanten
die Emigranten
die extravaganten
die Fabrikanten
die Folianten
die frappanten
die fulminanten
die galanten
die Garanten
die Giganten

die Gratulanten
die Ignoranten
die imposanten
die Intendanten
die interessanten
die intriganten
die Kanten
kannten
die Laboranten
die Lieferanten
die Mandanten
die markanten
die Musikanten
die Passanten
die Pedantgen
die penetranten
die pikanten
die prägnanten
die Repräsentanten
die Protestanten
die Quanten
die Querulanten
die rasanten
die relevanten
die riskanten
die Sekundanten
die Sergeanten
die Sextanten
sie signifikanten
die Spekulanten
die Tanten
die toleranten
die Trabanten
die vakanten
die Varianten

ANNTER-ANDTER-ANTER

ein gebannter
ein Verbannter
ein gebrannter
ein bekannter
ein genannter
ein gespannter
ein gesandter
ein gewandter
ein ambulanter
ein amüsanter
ein arroganter
ein brillanter
ein charmanter
ein konstanter
ein dominanter
ein eleganter
ein extravaganter
ein frappanter
ein fulminanter
ein galanter
der Ganter
ein imposanter
ein interessanter
ein markanter
ein mokanter
ein Panther
ein penetranter
ein pikanter
ein prägnanter
ein rasanter
ein relevanter
ein riskanter
ein signifikanter

ein toleranter
ein vakanter
ein verkannnter
ein verbannter

ANNTES-ANDTES-ANTES

ein gebanntes
ein verbannte
ein gebranntes
ein bekanntes
ein genanntes
ein gespanntes
ein gesandtes

ANNTHEIT-ANDTHEIT

die Bekanntheit
die Gespanntheit
die Gewandtheit

ANNTLICH

bekanntlich

ANNTSCHAFT-ANDTSCHAFT

die Bekanntschaft
die Gesandtschaft
die Verwandtschaft

ANNUM

per annum

ANNUNG

die Verbannung
die Spannung

ANON

der Kanon

ANSA

die Hansa
Sancho Pansa

ANSCHE

ich mansche
ich pansche
ich plansche

ANSCHEN

manschen
panschen
planschen

ANSCHER

ein Manscher
ein Panscher
ein Planscher

ANS

die Gans

Hans
das Stimulans
(dazu anns)

ANSE

die Franse
die Hanse

ANSEL

Hansel

ANSEN

die Fransen
fransen

ANSIG

fransig

ANSTIG

dickwanstig

ANT-AHNT

geplant
vermahnt

ANTCHEN

ein Elefantchen
das Tantchen

ANTEL

ein Mantel
die Tarantel

ANTER-AHNTER

ein geplanter
ein geahnter
ein gemahnter

ANTES-AHNTES

ein geplantes
ein geahntes
ein gemahntes

ANTI

in flagranti
tutti quanti

ANTIG

grantig
kantig

ANTIK

die Mantik
die Romantik

ANTISCH

atlantisch

bacchantisch
dilettantisch
komödiantisch
denunziantisch
gigantisch
pedantisch
protestantisch
romantisch

ANTON

Kanton

ANTOR

der Kantor

ANTUM

das Quantum

ANUM

das Arkanum

ANUS

Janus
Vulcanus

ANZ

die Allianz
die Ambulanz
die Arroganz
die Bilanz
die Konkordanz
die Diskrepanz
die Dissonanz
die Distanz
die Eleganz
die Extravaganz
die Finanz
der Firlefanz
ganz
der Glanz
die Ignoranz
der Kranz
der Ehrenkranz
der Erntekranz
der Jungfernkranz
die Monstranz
der Mummenschanz
die Ordonnanz
der Popanz
die Resonanz
der Schranz (süddt. f. „Riß“)
Hofschranz
der Schwanz
die Substanz
der Tanz
die Toleranz
die Vakanz

ANZE

das Ganze
im Glanze
die Lanze
ich pflanze

die Pflanze
die Pomeranze
ich ranze
die Romanze
die Schanze
ich schanze
die Schranze
die Stanze
ich tanze
die Wanze

ANZEL

die Kanzel
das Gstanzel

ANZELN

abkanzeln
die Gstanzeln

ANZEN

die Allianzen
die Bilanzen
die Dissonanzen
die Distanzen
die Extravaganzen
die Finanzen
im Ganzen
die ganzen
die Intendanzen
die Lanzen
die Monstranzen
die Pflanzen
pflanzen
die Pomeranzen
der Ranzen
ranzen
die Resonanzen
die Romanzen
die Schanzen
schanzen
zuschanzen
die Schranzen
die Substanzen
die Stanzen
tanzen
die Vakanzen
die Wanzen

ANZER

ein ganzer
ein Finanzer
ein Landser
ein Panzer
ein Pflanzer
ein Schanzer

ANZIG

ranzig
zwanzig
pflanz ich
tanz ich

ANZLER

der Kanzler

ANZLOS

glanzlos
kranzlos
schwanzlos

ANZTER

ein gepflanzter
ein verschanzter

ANZTES

ein gepflanztes
ein verschanztes

ANZUNG

die Pflanzung
die Schanzung

AOS

das Chaos

AP-APP

ab
herab
hinab
das Kap
klipp-klapp
knapp
der Bärlapp
das Schapp
papperlapapp!
schnipp-schnapp
schlapp
ich schnapp
schwapp!
der Trab
tapp!
Äskulap

APA-APPA

der Papa
das Kappa
der Grappa

APE

die Agape

APEL

der Stapel

APELN

stapeln

APEN

die Satrapen

APER

der Kaper
die Kaper

APERN

den Kapern
kapern
hapern
die Kapern

APF

der Napf
der Zapf

APFE

ich stapfe
Fußstapfe
ich zapfe

APFEN

der Krapfen
die Stapfen
stapfen
der Zapfen
zapfen

APFER

tapfer
ein Zapfer

APH/ODER AF

der Bibliograph
der Biograph
das Epitaph
der Ethnograph
der Geograph
der Lithograph
der Paragraph
der Stenograph
der Telegraph
der Topograph
der Typograph

APHE

die Paraphe

APHEN/AFEN

die Bibliographen
die Biographen
die Ethnographen
die Geographen
die Lithographen
die Paragraphen
die Paraphen
die Stenographen
die Telegraphen
die Typographen

APHER

die Anapher
die Metapher

APHERN

die Metaphern

APHISCH/AFISCH

bibliographisch
biographisch
ethnographisch
geographisch
lithographisch
orthographisch
stenographisch
telegraphisch
tomographisch
topographisch
typographisch

APIS

Lapis

APLE

ich staple

APLER

ein Aufstapler
ein Gabelstapler

APPE-APE

die Attrappe
die Etappe
ich kappe
die Kappe
die Klappe
ich klappe
der Knappe
ich knappe
der Lappe
die Mappe
die Pappe
ich pappe
die Quappe
der Rappe
ich berappe
die Schlappe
ich schnappe
ich schwappe
ich tappe

APPEL

die Pappel
der Rappel
das Getrappel
das Gezappel
ich rappel
ich trappel

APPELN

die Pappeln
rappeln
trappeln
zappeln

APPEN

abknappen
der Happen
die Kappen

kappen
die Klappen
klappen
die Knappen
knappen
die knappen
der Lappen
überlappen
die Mappen
die Pappen
pappen
die Rappen
berappen
die Schlappen
schlappen
schnappen
schwappen
tappen
das Wappen

APPER

die Klapper
ein knapper
das Geplapper
ein schlapper
der Trapper

APPERN

klappern
die Klappern
plappern
den Trappern
Zähneklappern

APPES-APES

der Kappes
ein knappes
ein schlappes

APPHEIT

die Knappheit
die Schlappheit

APPIG

happig
lappig
pappig
tappig

APPLE

ich rapple
ich trapple
ich zapple

APPLER

ein Rappler
ein Zappler

APPS-APS

ein Flaps
ein Klaps
der Kollaps
der Schnaps

der Raps
ein Taps

APPSE-APSE

ich tappse
ich knapse

APSEL

die Kapsel

APSELN

die Kapseln
einkapseln

APPSEN-APSEN

flapsen
japsen
klapsen
knapsen
schnapsen
tappsen
trapsen

APPSER-APSER

ein Tapser

APPSIG-APSIG

flapsig
tapsig

APST

der Papst
(dazu abst)

APSUS

Lapsus

APPT-ABT

der Abt
angepappt
ertappt
gekappt
verkappt
übergeschnappt
übergeschwappt
es klappt
er tappt

APPTER-APTER

ein verkappter
ein geklappter
ein gepappter
ein geschnappter
ein ertappter
ein Adapter

APTES-APTES

ein geklapptes
ein gepapptes
ein ertapptes

APPUNG

die Ertappung
die Kappung

AR-AAR-AHR

die Aar
der Aar
der Altar
der Antiquar
der Archivar
die Bar
der Barbar
der Bibliothekar
binokular
Domkapitular
der Kommentar
der Kommissar
der Korsar
der Zar
dar
das Dromedar
elementar
das Exemplar
der Februar
das Formular
gar
sie gebar
das Haar
das Honorar
der Husar
der Januar
das Inventar
der Jubilar
der Justitiar
der Kaviar
klar
lapidar
der Notar
der Nachbar
okular
das Paar
partikular
polar
ein Referendar
säkular
die Schar
Pflugschar
der Scholar
das Seminar
der Star
der Talar
ein Tartar
der Vikar
ich war
zwar
die Gefahr
der Vorfahr
das Jahr
wahr
der Verwahr
Boulevard
Noir
Pouvoir
Repertoir
Savoir
Trottoir
(die Adjektive mit der
Endung bar)

AR-ARR

Adebar
bizarr
der Katarrh
der Narr
starr
Wirrwarr

ARA

das Tara
die Tiara

ARAUF

darauf

ARAUS

daraus
der Garaus

ARB

er starb
ich verdarb
rosenfarb
ich warb

ARBE

die Barbe
ich darbe
die Farbe
die Garbe
die Narbe

ARBEN

die Barben
die Farben
aschfarben
die Garben
die Narben
sie darben
sie warben
sie erwarben
sie vernarben
sie verdarben

ARBIG

farbig
narbig

ARBTER

ein benarbter
ein gescharbter
ein vernarbter

ARBTES

ein benarbtes
ein vernarbtes

ARBUNG

die Vernarbung

ARCH

der Monarch
der Oligarch
der Patriarch

ARCHE

die Arche
ich schnarche
das Geschnarche

ARCHEN

die Archen
die Monarchen
die Oligarchen
die Patriarchen
schnarchen

ARCHISCH

anarchisch
hierarchisch
monarchisch
oligarchisch

ARD

der Bastard
das Billard
der Bussard
ein Hazard
der Leopard
es ward

ARDE

der Barde
die Garde
die Hellebarde
die Kokarde
die Mansarde
die Milliarde
die Narde
die Poularde

ARDEL

der Pardel

ARDEN

die Barden
die Garden
die Kokarden
die Leoparden
die Mansarden
die Milliarden
die Narden
die Poularden

ARDER

der Marder
der Parder (für Leopard)

ARE-AARE-AHRE

die Are
die Antiquare

die Archivare
die Bahre
die Bibliothekare
die Exemplare
die Fanfare
die Formulare
gare
ich gebare
die Haare
ich enthaare
ich erfahre
die Honorare
die Justitiare
die Klare
die Notare
ich offenbare
die Paare
die Referendare
rare
ich spare
die Talare
ich vereinbare
ich verlautbare
die Vikare
die Ware
ich wahre
das Wahre
ich gewahre
ich bewahre

AREN-AAREN-AHREN

die Bahren
die baren
die Barbaren
die Korsaren
die elementaren
die garen
die Gefahren
das Gebaren
sie gebaren
sich gebaren
haaren
die Husaren
die Janitscharen
im Klaren
offenbaren
paaren
die polaren
die raren
scharen
dic Scharen
die Scholaren
sparen
unerfahren
fahren
erfahren
das Verfahren
die Vorfahren
die Wahren
wahren
die Waren

ARER-AHRER

ein barer
ein elementarer
ein klarer
ein lapidarer
ein polarer

ein rarer
ein Sparer
der Fahrer
ein Autofahrer
ein Nordpolfahrer
ein Weltraumfahrer
ein wahrer
ein wunderbarer
der Bewahrer

ARES-AHRES

ein bares
ein elementares
ein gares
ein klares
ein lapidares
ein partikulares
ein polares
ein rares
ein wahres
ein wunderbares

ARF

ich darf
der Bedarf
scharf
er warf

ARFE

die Harfe
die Larve
eine scharfe

ARFEN

die Harfen
harfen
sie warfen
sie entwarfen
sie verwarfen
die scharfen

ARG

arg
er barg
karg
der Sarg

ARGE

die arge
ich verarge
die karge
ich einsarge
die Zarge

ARGEL

der Spargel

ARGEN

die Argen
im argen
verargen
die kargen
kargen

einsargen
verargen
verbargen
die Zargen

ARGER

ein Arger
ein karger

ARGES

ein arges
ein karges

ARGHEIT

die Argheit
die Kargheit

ARGO

der Cargo
das Embargo
ein Largo

ARGTEN

die eingesargten
die verargten

ARGTER

ein verargter
ein eingesargter

ARGTES

ein verargtes
ein eingesargtes

ARGUNG

die Verargung
die Erkargung
die Einsargung

ARHEIT

die Elementarheit
die Klarheit
die Rarheit
die Wahrheit

ARIA

die Aria
der Paria

ARIEN

die Aquarien
die Arien
die Herbarien
die Planetarien

ARIER

ein Proletarier
ein Trinitarier
ein Unitarier

ARIG

fahrig
haarig
paarig
war ich
fahr ich
gewahr ich

ARIN

darin
die Vorfahrin

ARISCH

agrarisch
antiquarisch
barbarisch
bibliothekarisch
kommissarisch
exemplarisch
hypothekarisch
literarisch
parlamentarisch
protokollarisch
szenarisch
solidarisch
statuarisch
summarisch
tabellarisch
trinitarisch
tumultuarisch
unitarisch
vegetarisch

ARIUM

das Aquarium
das Diarium
ein Kalendarium
Herbarium
ein Inventarium
ein Planetarium
das Szenarium
das Terrarium

ARK

autark
die Bark
die Mark (Geld)
die Mark (Grenzland)
das Mark (Knochenmark)
der Park
der Quark
stark
der Telemark
ich hark
ich park

ARKE

die Barke
die Harke
der Halbstarke
ich harke
die Marke
brandmarke
der Starke
im Parke

ARKEN

die Barken
die Harken
harken
die Marken
die Halbstarken
brandmarken
die starken
erstarken

ARKER

ein Harker
ein starker

ARKT

der Infarkt
der Markt
erstarkt
gebrandmarkt
geharkt
geparkt
er parkt
er harkt

ARKTEN

vermarkten

ARKTER

ein gebrandmarkter
ein erstarkter

ARKTES

ein gebrandmarktes
ein erstarktes

ARKTISCH

arktisch

ARKUNG

die Gemarkung
die Erstarkung

ARLICH

offenbarlich
nachbarlich
wahrlich
wunderbarlich

ARRLICH

beharrlich

ARLOS

haarlos
gefahrlos

ARM

arm
der Arm
der Alarm

der Charme
der Darm
der Gendarm
der Harm
der Schwarm
warm
daß Gott erbarm'
ich umarm

ARME

der Arme
ich verarme
ich umarme
ich erbarme
die warme
dem Schwarme

ARMEL

der Marmel

ARMEN

die Armen
umarmen
verarmen
das Erbarmen
erbarmen
die Gendarmen
die warmen

ARMER

ein Armer
ein Erbarmer
ein Farmer
ein warmer
der Allerbarmer

ARMES

ein armes
ein warmes

ARMIG

1-, 2-, 3- etc. armig

ARMLOS

armlos
harmlos

ARMT

er verarmt
er umarmt
er erbarmt

ARMTER

ein verarmter
ein umarmter

ARMUNG

Erbarmung
die Verarmung
die Umarmung

ARN

der Farn
das Garn
der Harn
der Schmarrn

ARNE

ich umgarne
ich harne
ich warne

ARNEN

umgarnen
harnen
tarnen
warnen
entwarnen
verwarnen
den Farnen
den Garnen

ARNER

der Warner

ARNIG

feingarnig

ARNIS

die Ersparnis

ARNISCH

der Harnisch

ARNTER

ein umgarnter
ein gewarnter

ARNUNG

die Entwarnung
die Tarnung
die Umgarnung
die Verwarnung
die Warnung

ARPFEN

der Karpfen

ARRAS

Barras

ARR

bizarr
das Geknarr
das Gescharr
der Katarrh
der Narr
starr
ich harr
ich starr

ARRE

die Barre
bizarre
die Darre
ich darre
die Gitarre
ich harre
die Karre
ich karre
ich knarre
die Knarre
ich narre
die Pfarre
ich scharre
die Scharre
ich schnarre
ich starre
die starre
die Halsstarre

ARREN

die Barren
die bizarren
die Zigarren
die Darren
die Gitarren
harren
karren
der Karren
knarren
die Knarren
die Narren
narren
die Pfarren
scharren
die Schmarren
schnarren
der Sparren
starren
die starren

ARRER

ein bizarrer
ein Pfarrer
ein Scharrer
ein starrer

ARRES

ein bizarres
ein starres

ARRHEIT

die Bizarrheit
die Narrheit
die Starrheit

ARRIG

knarrig
halsstarrig

ARRLICH

beharrlich
pfarrlich

ARRUNG

die Beharrung
die Erstarrung
die Verscharrung

ARS

der Mars

ARS-AHRS

die Boulevards

ARSAM-AHRSAM

sparsam
der Gewahrsam

ARSCH

der Barsch
barsch
harsch
der Arsch
Charge
Demarsche
der Harsch
der Marsch
die Marsch

ARSCHE

die barsche
die harsche

ARSCHEN

die barschen
die harschen
die Marschen

ARSCHER

ein barscher
ein harscher

ARSCHES

ein barsches
ein harsches

ARSCHHEIT

die Barschheit
die Harschheit

ARSCHUNG

die Verharschung
die Durchmarschung

ARSE

der Komparse
die Farce

ARSEN

die Komparsen
die Farcen

ARST

ich barst
der Karst

ART-ARRT

apart
die Art
die Eigenart
die Lebensart
die Redensart
der Bart
er haart
behaart
hart
er harrt
es knarrt
benachbart
der Spessart
smart
ihr wart
zart
aufgebahrt
bejahrt
bewahrt
geschart
geoffenbart
gespart
gewahrt
wohlverwahrt
die Gegenwart
der Part
ein Quart
vernarrt
der Standard
der Start
der Wart
der Tankwart
der Widerpart
ihr fahrt
er spart

ARTE-ARRTE

aparte
die Karte
ich karrte
die Quarte
die Sparte
die Standarte
die Warte
die Quarte
die Scharte
die Schwarte
die Sternwarte
die Wetterwarte
das Geoffenbarte
ich harrte
er sparte
ich starrte
ich starte
er wahrte
ich warte

ARTE

ich entarte
die behaarte
die benachbarte

die Scharte (Pflanze)
die Schwarte
die zarte
die aufgebahrte
die bejahrte

ARTEN

abwarten
die Arten
die aparten
ausarten
entarten
erwarten
die aufgebahrten
die benachbarten
die bejahrten
die Fahrten
das Erwarten
der Garten
die harten
sie harrten
die Karten
karten
die Quarten
die Scharten
sie verscharrten
die Schwarten
die Sparten
die Standarten
starten
starrten
das Warten
warten
die zarten

ARTER

ein gedarrter
ein vernarrter
ein verscharrter
ein erstarrter
ein aparter
ein harter
die Marter
ein behaarter
ein benachbarter
ein offenbarter
ein gepaarter
ein gesparter
ein vereinbarter
ein verlautbarer
ein zarter
ein aufgebahrter
Charter
ein Wallfahrter
ein Starter
ein gelahrter
ein bejahrter
ein verwahrter

ARTERN

chartern
die Martern
martern

ARTERT

gemartert
zermartert

ARTES-ARRTES

ein vernarrtes
ein verscharrtes
ein erstarrtes
ein apartes
ein hartes
ein behaartes
ein bejahrtes
ein benachbartes
ein offenbartes
ein gepaartes
ein gespartes
etwas vereinbartes
etwas verlautbartes
ein zartes
ein aufgebahrtes
ein bejahrtes
ein verwahrtes

ARTHEIT

die Apartheit
die Vernarrtheit
die Zartheit

ARTIG(CH)

artig
gewahrt' ich
spart' ich

ARTNER

der Partner

ARTUNG

die Aufwartung
die Erwartung
die Entartung

ARUM

darum
lirum larum
warum

ARUNG-AHRUNG

die Behaarung
die Offenbarung
die Paarung
die Vereinbarung
die Verlautbarung
die Aufbahrung
die Erfahrung
die Nahrung
die Wahrung

ARVE

die Larve
ich entlarve
(dazu arfe)

ARVEN

die Larven
(dazu arfen)

ARVTER

ein entlarvter
ein unbedarfter

ARVTES

ein entlarvtes
ein unbedarftes

ARVUNG

die Entlarvung

ARZ

das Harz
der Quarz
schwarz
ihr erfahr's
ihr wart's

ARZE

ich harze
die Warze
ich knarze
die Parze
die Quarze
das Schwarze

ARZEN

die Warzen
die Schwarzen

ARZER

der Harzer
der Karzer
ein schwarzer

ARZIG

harzig
quarzig
warzig

ARZT

der Arzt

ARZTER

ein verharzter

ARZTES

ein beharztes

ARZUNG

die Verharzung

AS-Aß-AHS

das Aas
alias
der Ablaß
ich aß
der Aderlaß

die Ananas
der Atlas
das As
der Baß
blaß
das
daß
en Face
der Erlaß
etwas
das Faß
ich fraß
der Fraß
er genas
das Gas
das Gelaß
das Glas
das Gras
der Haß
die Ilias
Ischias
der Kompaß
der Küraß
ich las
das Maß
ich maß
das Naß
naß
der Paß
der Parnaß
ich saß
Societas
der Spaß
der Topas
der Ukas
ich vergaß
der Unterlaß
was

ASA

tabula rasa

ASCH

lasch
ich nasch
der Pasch
der Rasch
rasch
der Aufwasch
ich wasch

ASCHE (AGE)

die Apanage
die Bagage
die Bandage
die Blamage
die Courage
die Drainge
die Emballage
die Equipage
die Eremitage
die Etage
die Gage
die Garage
die Karambolage
die Kartonage
die Kolportage

die Lebertinage
die Mariage
die Massage
die Menage
die Montage
der Page
die Passage
die Persiflage
die Plantage
die Rage
die Sabotage
die Spionage
die Staffage
die Stellage
die Takelage
die Tonnage
die Trikotage
die Visage

ASCHA

Natascha
der Pascha

ASCHE

die Asche
die Flasche
ich hasche
die Gamasche
die Lasche
die Masche
ich nasche
ich pasche
die rasche
ich überrasche
die Tasche
ich wasche

ASCHEL

die Flaschel
das Ohrwaschel

ASCHEN

die Flaschen
die Gamaschen
haschen
die Laschen
laschen
die Maschen
naschen
paschen
die raschen
überraschen
die Taschen
waschen
gewaschen
verwaschen
ungewaschen

ASCHEN

die Bandagen
die Karambolagen
die Equipagen
die Eremitagen
die Etagen
die Gagen

die Pagen
die Passagen
die Plantagen
die Staffagen
die Takelagen
die Visagen
(siehe asche)

ASCHER

der Ascher
der Hascher
ein rascher

ASCHHAFT

naschhaft

ASCHI

das Wischiwaschi

ASCHIG

maschig

ASCHING

der Fasching

ASCHTER

ausgelaschter
gepaschter
überraschter

ASCHTES

ein ausgelaschtes
ein gepaschtes
ein überraschtes

ASCHUNG

die Erhaschung
die Überraschung

ASE-AßE

die Base (Cousine)
die Base (Chemie)
die Blase
ich blase
die Ekstase
die Emphase
zum Fraße
die Gase
im Glase
die Gaze
das Gerase
der Hase
die Hypostase
die Maße
die Nase
die Oase
die Phase
die Phrase
ich rase
ich spaße
zum Spaße
die Straße

die Ukase
die Vase

ASEL

das Gefasel
die Hasel

ASELN

faseln

ASEN

aasen
die Asen
sie aßen
die Blasen
blasen
sie besaßen
die Ekstasen
die Emphasen
verglasen
vergasen
sie fraßen
grasen
die Hasen
anmaßen
sie lasen
mutmaßen
bekanntermaßen
dermaßen
einigermaßen
über die Maßen
die Nasen
nasen
die Oasen
die Phasen
die Phrasen
quasen
der Rasen
das Rasen
rasen
sie saßen
spaßen
die Straßen
die Vasen
sie vergaßen
verquasen
der Wasen

ASER

der Blaser
die Faser
der Glaser
die Maser
die Raser
der Vergaser

ASEIN

das Dasein
das Nahsein

ASERN

die Fasern
fasern
die Masern

ASHAFT

spaßhaft

ASIG

aasig
blasig
gasig
glasig
grasig
spaßig

ASKE

der Baske
die Maske

ASKEN

die Masken
die Basken

ASKO

Fiasko
Kasko

ASLICH

mutmaßlich

ASMEN

die Miasmen
die Phantasmen
die Pleonasmen
die Sarkasmen
die Spasmen

ASMUS

der Enthusiasmus
der Pleonasmus
der Sarkasmus
der Spasmus

ASPEL

das Gehaspel
das Geraspel
die Haspel
die Paspel
die Raspel

ASPELN

haspeln
raspeln
verhaspeln
die Paspeln
die Raspeln

ASPER

ein Kaspar

ASPIS

der Jaspis

ASPLE

ich hasple
ich rasple

ASPLIG

hasplig

ASSE

die Asse
die Barkasse
ich erblasse
die Brasse
ich fasse
im Fasse
die Gasse
die Grimasse
ich hasse
die Kalebasse
die Kasse
die Klasse
ich lasse
die Masse
die Melasse
die nasse
ich passe
die Pinasse
ich prasse
die Rasse
der Sasse
die Tasse
die Terrasse
dem Trasse

ASSEL

die Assel
das Geprassel
das Gequassel
die Gerassel
die Rassel
das Schlamassel
ich quassel
ich vermassel

ASSELN

die Asseln
prasseln
quasseln
rasseln
vermasseln
die Rasseln

ASSEN

sich auslassen
sich gefassen
sich einlassen
die Barkassen
erblassen
verblassen
fassen
anfassen
erfassen
umfassen
verfassen
zusammenfassen

gelassen
die Gassen
hassen
die Kassen
die Klassen
lassen
anlassen
entlassen
gelassen
hinterlassen
unterlassen
die Massen
die Melassen
die nassen
passen
anpassen
verpassen
prassen
verprassen
die Rassen
die Sassen
schassen
die Tassen
die Terrassen

ASSEND

passend
umfassend
hassend

ASSER

der Anlasser
Aufpasser
ein blasser
der Erblasser
ein Hasser
ein nasser
ein Prasser
der Verfasser
das Wasser

ASSES

ein blasses
ein nasses

ASSISCH

klassisch

ASSLE

ich prassle
ich rassle

AßLICH

faßlich

ASSUNG

die Fassung
der Verfassung
die Einlassung

ASSUS

Passus

AST-AßT

der Ast
der Bast
der Ballast
er erblaßt
der Bombast
der Damast
der Enthusiast
fast
er faßt
der Gast
der Gymnasiast
du hast
die Hast
er haßt
der Knast
der Kontrast
ihr laßt
ihr last
die Last
die Mast
der Mast
der Morast
es paßt
der Palast
der Phantast
er praßt
der Quast
die Rast
ihr saßt
vergast
verglast
ihr vergaßt
verfaßt
verhaßt
verpraßt

ASTE-AßTE

am Aste
ich faste
dem Gaste
ich haste
die Kaste
ich laste
die Paste
die Quaste
die Taste
ich taste

ASTEN/AßTEN

die Enthusiasten
das Fasten
fasten
sie faßten
hasten
die Kasten
der Kasten
die Lasten
lasten
belasten
entlasten
die Masten
die Pasten
sie paßten
die Quasten
rasten
die Tasten

tasten
betasten

ASTER-AßTER

der Alabaster
ein angemaßter
die Aster
das Desaster
der Dreimaster
ein gefaßter
ein gehaßter
das Kataster
der Knaster
der Kritikaster
das Laster
der Laster
ein veranlaßter
das Pflaster
der Piaster
das Raster
ein verblaßter
ein verpaßter
ein verhaßter
ein verglaster
ein verquaster
der Zaster

ASTERN

alabastern
die Astern
klabastern
knastern
pflastern
rastern
den Lastern

ASTERT

er pflastert
gerastert
vollgepflastert

ASTES-AßTES

ein verblaßtes
ein gefaßtes
ein verhaßtes
ein veranlaßtes
ein angepaßtes
ein verpraßtes

ASTHEIT

die Gefaßtheit
die Verhaßtheit
die Angepaßtheit

ASTHOLZ

Astholz
Mastholz

ASTIG

hastig
lastig
mastig
morastig

ASTIK

die Drastik
die Gymnastik
die Phantastik
die Plastik
die Scholastik

ASTISCH

bombastisch
drastisch
elastisch
enthusiastisch
gymnastisch
phantastisch
plastisch
scholastisch
spastisch

ASTLOS

astlos
mastlos
rastlos

ASTOR

der Pastor

ASTUNG

die Belastung
die Betastung

ASUNG - AßUNG

die Vergasung
die Verglasung
die Anmaßung

ASUS

der Casus

AT-AHT-ATH

der Achat
adäquat
der Advokat
akkurat
ein Akrobat
der Apparat
der Aristokrat
ein Asiat
das Attentat
der Autokrat
der Automat
das Bad
ich bat
der Brokat
der Bürokrat
das Dekanat
delikat
der Demokrat
das Deputat
das Disiderat
desolat
das Direktorat
das Doktorat

das Duplikat
der Draht
das Format
Goliath
der Granat
der Hausrat
der Hydrat
der Illuminat
das Inserat
der Kandidat
der Karat
der Kastrat
der Kollegiat
das Kommisariat
das Konkordat
das Konkubinat
das Konglomerat
das Konsulat
der/das Legat
der Maat
der Magistrat
der Magnat
das Majorat
das Mandat
moderat
der Monat
das Notariat
obligat
obstinat
das Opiat
der Ornat
parat
das Patriarchat
das Patronat
der Physiokrat

der Pirat
das Plakat
das Plagiat
das Pontifikat
das Postulat
der Potentat
das Präzipitat
das Prädikat
der Prälat
das Präparat
der Primat
privat
probat
das Protektorat
das Quadrat
rabiat
der Rat
das Rektorat
das Referat
der Renegat
das Reservat
das Resultat
die Saat
ihr saht
der Salat
das Sekretariat
der Senat
der Skat
der Soldat
spat
Spagat
der Spinat
der Staat
der Spat
der Stipendiat

das Substrat
das Substrat
das Supremat
das Surrogat
das Syndikat
die Tat
er tat
der Traktat
ich trat
das Triumvirat
der Unflat
der Unrat
die Heirat
der Verrat
das Vikariat
der Vorrat
die Zierrat
das Zertifikat
das Zitronat
das Zitat
der Zölibat

ATA

die Errata
die Tokkata

ATAN

Satan
Leviathan

ATE-ATHE

der akkurate
der adäquate
der Asiate
die Batate
ich brate
der delikate
der desolate
der disparate
die Fermate
ich gerate
die Granate
die Granate (Baum)
die delikaten
die Demokraten
die desolaten
die desperaten
die Diplomaten
der Dukaten
die Fermaten
die Granaten
die Hanseaten
heiraten
die Illuminaten
die Kantate
die Kemenate
die moderate
ich nahte
die Oblate
dem Ornate
der Pate
der private
der probate
ich rate
die Rate
der rabiate
die separate

die Sonate
dem Staaate
die Tomate
ich wate
ich verrate
die Zitate

ATEL

der Spatel

ATEN-AHTEN

die adäquaten
die Advokaten
die Akrobaten
die Aristokraten
die Asiaten
braten
der Braten
die Bürokraten
die Daten
die delikaten
die Demokraten
die desolaten
die Diplomaten
die Dukaten
die Fermaten
die Granaten
geraten
die Hanseaten
heiraten
die Illuminaten
die Kandidaten
die Kantaten
die Kastraten
die Katen
die Kollegiaten
die Krawatten
die Kemmenaten
mißraten
sie nahten
die Oblaten
die obligaten
die Paten
die Physiokraten
die Piraten
die Potentaten
die Prälaten
die Primaten
die privaten
die probaten
raten
die Raten
das Rätselraten
die Renegaten
die Saaten
die separaten
skaten
die Soldaten
die Sonaten
der Spaten
die Staaten
die Stipendiaten
die Taten
die Tomaten
sie traten
verdrahten
verraten
waten

ATER-ATHER

Alma mater
ein akkurater
ein adäquater
der Berater
ein delikater
ein desolater
ein disparater
der Frater
der Kater
der Krater
ein moderater
ein obligater
der Pater
ein parater
der Prater
ein privater
ein probater
der Rater
ein rabiater
der Skater
das Theater
der Vater

ATERN

erkatern
die delikatern
den Patern
den Katern

ATERT

verkatert

ATET

ratet !
er skatet
ihr batet
ihr nahtet
ihr verratet
verdrahtet

ATES-AHTES

ein akkurates
ein adäquates
ein delikates
ein desolates
ein disparates
ein moderates
ein obligates
ein parates
ein privates
ein probates
ein rabiates
ein separates

ATHEIT

die Akkuratheit
die Delikatheit
die Desolatheit
die Rabiatheit

ATIG

drahtig
monatig

ATIK

die Akrobatik
die Batik
die Diplomatik
die Dogmatik
die Dramatik
die Grammatik
die Mathematik
die Numismatik
die Pneumatik
die Pragmatik
die Problematik
die Statik
die Systematik

ATISCH-ATHISCH

apathisch
aristokratisch
aromatisch
asiatisch
asthmatisch
autokratisch
automatisch
bürokratisch
chromatisch
demokratisch
diplomatisch
dogmatisch
dramatisch
emphatisch
emphatisch
erratisch
ekstatisch
fanatisch
grammatisch
hanseatisch
klimatisch
mathematisch
numismatisch
pathisch
phlegmatisch
physiokratisch
pneumatisch
pragmatisch
pragmatisch
prismatisch
problematisch
quadratisch
rheumatisch
schematisch
sokratisch
soldatisch
statisch
systematisch
sympathisch
symptomatisch
telepathisch
theokratisch
traumatisch

ATLICH

staatlich
monatlich

ATTLICH

stattlich

ATLOS

nahtlos
ratlos
tatlos

ATOR

der Äquator
der Alligator
der Diktator
der Gladiator
der Imperator
der Inspirator
der Isolator
der Kommentator
der Kondensator
der Konservator
der Kurator
der Liquidator
der Multiplikator
der Prokurator
der Reformator
der Registrator
der Restaurator
der Senator
der Transformator
der Triumphator
der Usurpator
der Ventilator

ATOS-ATHOS

der Pathos

ATRIX

die Matrix

ATRON

Natron

ATSCH

der Kladderadatsch
der Klatsch
der Knatsch
der Matsch
patsch!
der Quatsch
der Tolpatsch
der Tratsch
ich tratsch
ich latsch
ich quatsch
ritsch-ratsch

ATSCHE

die Bratsche
das Geknatsche
das Gelatsche
das Gequatsche
das Getratsche
die Fliegenklatsche
ich knatsche
die Latsche
ich latsche
die Ratsche

ich ratsche
ich klatsche
die Klatsche
ich patsche
ich platsche
ich quatsche
ich tatsche
ich tratsche
die Watsche

ATSCHEL

das Gewatschel

ATSCHEN

die Bratschen
die Flatschen
die Latschen
latschen
die Ratschen
die Watschen
die Klatschen
das Klatschen
die Latschen
klatschen
patschen
platschen
quatschen
ratschen

ATSCHER

der Platscher
der Klatscher

ATSCHIG

matschig
tolpatschig

ATSCHTER

ein beklatschter
ein geknatschter
ein zerlatschter
ein gematschter

ATSCHTES

ein geknatschtes
ein beklatschtes
ein gematschtes
ein beklatschtes

ATSCHUNG

die Beklatschung
die Vermatschung

AT-ATT

das Blatt
glatt
Goliath
er hat
matt
das Matt
der Nimmersatt
patt
das Patt

platt
der Rabatt
satt
das Schildpatt
die Statt
die Stadt
statt
anstatt
das Watt (Meeresboden)
das Watt (elektr. Maß)
ich gestatt
ich hatt'

ATTA

die Regatta

ATTE

das Geblatte
die Debatte
die Fregatte
der Gatte
ich begatte
der glatte
die Kasematte
die Krawatte
die Latte
die Matte
ich ermatte
der Mulatte
die Nimmersatte
die Patte
die Platte
die Ratte
die Rabatte
die satte
ich beschatte
ich statte
ich erstatte
die Tratte
die Watte

ATTEL

die Dattel
der Sattel

ATTELN

die Datteln
satteln
schuhplatteln

ATTEN

abstatten
begatten
beschatten
bestatten
die Debatten
ermatten
erstatten
die Fregatten
die Gatten
gestatten
sie hatten
die Kasematten
die Latten
die Matten

die Nimmersatten
platten
die Ratten
die satten
der Schatten
überschatten
von statten
zu statten
statten
die Tratten
die Watten
watten

ATTER

der Berichterstatter
der Bestatter
die Blatter
der Erstatter
das Geflatter
das Gatter
der Gevatter
ein glatter
das Geknatter
das Geratter
das Geschnatter
ein matter
die Natter
ein platter
ein satter

ATTERN

die Blattern
flattern
ergattern
die Gevattern
knattern
rattern
schnattern
vergattern
die glattern
die mattern

ATTERT

verdattert
vergattert
zerflattert
es rattert
es schnattert

ATTES

ein glattes
ein mattes
ein plattes
ein sattes

ATTHEIT

die Glattheit
die Mattheit
die Plattheit
die Sattheit

ATTIG

blattig
der Lattig

Huflattig
schattig

ATTLE

ich sattle

ATTLER

ein Sattler

ATTLICH

stattlich
monatlich

ATTUNG

die Abplattung
die Begattung
die Beschattung
die Bestattung
die Berichterstattung
die Ermattung
die Erstattung
die Gattung

ATUM

das Datum
das Fatum
das Erratum
post Christum natum
das Stratum
das Ultimatum

ATUS

Advocatus
der Hiatus

ATZ

der Besatz
der Bodensatz
der Ersatz
der Fratz
das Geschmatz
die Hatz
der Latz
der Matz
der Hosenmatz
der Platz
plitz-platz!
der Rabatz
der Ratz
der Satz
der Schatz
der Schmatz
der Schwatz
der Spatz
der Untersatz
die Glatz'
die Katz'
ich kratz
ich platz

ATZE

die Fratze
das Geschmatze

das Geschwatze
die Glatze
die Katze
die Matratze
die Tatze
dem Spatze
ich schwatze
ich verpatze

ATZEN

der Batzen (Geldstück)
der Batzen (Klumpen)
kratzen
patzen
platzen
schmatzen
schwatzen
verpatzen
den Schmatzen
die Spatzen
die Katzen
die Tatzen

ATZER

die Besatzer
der Kratzer
der Wolkenkratzer

ATZIG

katzig
kratzig
patzig

ATZUNG

die Atzung
die Besatzung
die Satzung
die Schatzung

AU

die Au
au !
der Bau
der Gemüsebau
der Körperbau
der Tagebau
der Unterbau
der Bärenklau
blau
das Blau
flau
die Frau
der Gau
genau
grau
der Hau
der Kabeljau
lau
mau
miau!
der Pfau
der Radau
rauh
die Sau
die Schau
die Modenschau

die Trupenschau
die Vogelschau
die Wochenschau
schlau
der Stau
das Tau
der Tau
wau-wau !
ich schau
schau!
ich trau
trau !
vertrau
der Verhau

AUB

das Laub
der Raub
der Staub
taub
der Urlaub
mit Verlaub
ich glaub
ich schraub

AUBE

der Aberglaube
die Daube
der Glaube
ich glaube
der Gespensterglaube
die Gartenlaube
die Haube
ich klaube
die Laube
ich entlaube
ich erlaube
ich beurlaube
ich raube
ich schnaube
ich schraube
die Schraube
aus dem Staube
ich staube
ich verstaube
der taube
die Taube
die Friedenstaube
die Traube

AUBEN

belauben
die Dauben
entlauben
erlauben
die Gauben
der Glauben
glauben
die Hauben
klauben
die Lauben
rauben
ausrauben
berauben
schnauben
die Schrauben
schrauben

abschrauben
anschrauben
verschrauben
stauben
verstauben
die Tauben
die Trauben

AUBER

ein Abstauber
der Klauber
sauber
ein tauber
der Tauber
der Zauber

AUBERN

zaubern
den Taubern
die saubern

AUBHAFT

glaubhaft

AUBIG

laubig
traubig

AUBLICH

unglaublich

AUBT

belaubt
erlaubt
unerlaubt
geschraubt
Haupt
Bergeshaupt
Menschenhaupt
Oberhaupt
überhaupt
verschraubt
verstaubt
er glaubt
er schraubt

AUBTE

er glaubte
er raubte
der belaubte
der entlaubte
dem Haupte
der Totgeglaubte
das verschraubte
das verstaubte

AUBTEN

behaupten
enthaupten
sie klaubten
sie schnaubten
die geraubten
die verstaubten

AUBTER

ein geglaubter
ein belaubter
ein erlaubter
ein beurlaubter
ein geraubter
ein bestaubter

AUBTES

ein geglaubtes
ein belaubtes
ein erlaubtes
ein geraubtes
ein bestaubtes
ein ertaubtes

AUBTHEIT

die Erlaubtheit
die Geschraubtheit

AUBUNG

die Beurlaubung
die Beraubung

AUCH

auch
der Bauch
der Brauch
der Gebrauch
der Gauch
der Hauch
der Lauch
der Rauch
der Schlauch
der Strauch
der Verbrauch
ich brauch
ich rauch

AUCHE

ich brauche
dem Brauche
ich fauche
ich hauche
die Jauche
ich rauche
ich schmauche
ich stauche
dem Strauche
ich tauche

AUCHELN

straucheln

AUCHEN

anfauchen
anhauchen
auftauchen
brauchen
fauchen
gebrauchen
hauchen

jauchen
krauchen
rauchen
schlauchen
schmauchen
stauchen
tauchen
untertauchen
verbrauchen
verhauchen
verstauchen

AUCHER

ein Raucher
ein Schmaucher
der Staucher
ein Taucher
der Verbraucher

AUCHIG(CH)

bauchig
jauchig
rauchig
strauchig
brauch ich
tauch ich

AUCHT

die Durchlaucht
erlaucht
gebaucht
gebraucht
er kraucht
er taucht
verbraucht
verhaucht
verraucht

AUCHTER

ein gebrauchter
ein gehauchter
ein erlauchter
ein gerauchter
ein gestauchter
ein getauchter

AUCHTES

ein gebrauchtes
ein erlauchtes
ein gerauchtes
ein gestauchtes
ein eingetauchtes

AUCHUNG

die Verstauchung
die Eintauchung

AUCHZE

ich jauchze

AUCHZEN

jauchzen

AUDE

die Baude
die Staude

AUDEN

die Bauden
die Stauden

AUDER

das Geplauder
der Schauder

AUDERN

plaudern
schaudern
zaudern

AUE

die Aue
ich baue
ins Blaue
die blaue
die Braue
ich braue
ich verdaue
die flaue
die Gaue
die genaue
ich ergraue
ich haue
die Haue
ich kaue
die Klaue
ich klaue
der laue
ich miaue
die rauhe
ich versaue
ich schaue
ich staue
ich taue
ich traue

AUEN

die Auen
abflauen
abhauen
anschauen
bauen
bebauen
erbauen
behauen
beschauen
betrauen
die blauen
blauen
die Brauen
brauen
die Brauen
ergrauen
die flauen
die Frauen
die genauen
getrauen

das Grauen
grauen (ängstigen)
grauen (dämmern)
hauen
das Hauen
hinschauen
kauen
die Klauen
klauen
die lauen
miauen
das Morgengrauen
das Mißtrauen
mißtrauen
die rauhen
schauen
die schlauen
stauen
tauen
trauen (vermählen)
trauen (für sicher halten)
verdauen
verhauen
versauen
verstauen
vertrauen
ds Vertrauen

AUER

der Bauer
der Beschauer
ein blauer
der Brauer
die Dauer
ein flauer
der Fleischbeschauer
der Gassenhauer
der Hauer (Bergmann)
der Hauer (Eberzahn)
der Klauer
ein lauer
die Lauer
die Mauer
ein rauher
sauer
der Schauer (Schreck)
der Schauer (Regenguß)
ein Schlauer
der Tower
die Trauer
der Vogelbauer

AUERN

die Bauern
bedauern
betrauern
dauern (währen)
dauern (leidtun)
erschauern
im genauern
kauern
lauern
die Mauern
mauern
die sauern
schauern
trauern
verbauern

versauern
zumauern

AUF

auf
darauf
drauf
herauf
hinauf
der Dauerlauf
das Gelauf
das Gerauf
das Geschnauf
glückauf !
der Hindernislauf
der Hinterlauf
der Kauf
der Knauf
lauf !
der Lauf (Verlauf)
der Flintenlauf
der Lebenslauf
der Oberlauf
ich sauf
der Verlauf
der Vorderlauf
zuhauf

AUFE

das Gelaufe
das Geraufe
das Geschnaufe
ich kaufe
ich laufe
die Raufe
ich raufe
ich saufe
die Schlaufe
ich schnaufe
ich taufe
die Taufe
die Traufe

AUFEL

die Schaufel

AUFELN

die Schaufeln
schaufeln

AUFEN

besaufen
einkaufen
der Haufen
kaufen
laufen
das Laufen
sich belaufen
hinlaufen
raufen
die Raufen
das Saufen
saufen
die Schlaufen
schnaufen

die Traufen
traufen
die Taufen
taufen
verlaufen
versaufen
verschnaufen

AUFER

der Raufer

AUFGELD

das Draufgeld
das Kaufgeld

AUFIG

knaufig

AUFTER

ein gekaufter
ein getaufter

AUFTES

ein gekauftes
ein getauftes

AUFUNG

Loskaufung
Unterlaufung

AUGE

das Auge
die Lauge
ich lauge
ich sauge
ich tauge

AUGEN

die Augen
die Laugen
laugen
saugen
taugen

AUGER

der Blutsauger
der Sauger

AUGIG

blauaugig
laugig

AUGLICH

tauglich
untauglich

AUGTER

ein ausgelaugter
ein ausgesaugter

AUGTHEIT

die Ausgelaugtheit
die Ausgesaugtheit

AUGUNG

die Auslaugung
die Aussaugung

AUK

der Klamauk
ich pauk

AUKE

die Mauke
die Pauke
ich pauke
der Rabauke
die Rauke

AUKEL

das Gegaukel
die Schaukel
ich gaukel
ich schaukel

AUKELN

gaukeln
die Schaukeln
schaukeln

AUKEN

die Pauken
pauken
die Rabauken

AUKLE

ich gaukle
ich schaukle

AUKLER

der Gaukler
der Schaukler

AUL

faul
der Gaul
der Knaul
das Maul
das Leckermaul
das Lügenmaul
das Plappermaul
ich jaul
ich kraul

AULE

der Faule
dem Gaule
das Gejaule
ich graule
ich jaule

ich kraule
ich maule

AULEN

die Faulen
faulen
graulen
jaulen
kraulen
maulen
vergraulen
verfaulen

AULER

ein fauler
ein Mauler

AULICH

anschaulich
baulich
beschaulich
erbaulich
fraulich
graulich
traulich
verdaulich
vertraulich

AULIG

faulig
maulig

AULISCH

hydraulisch

AULTIER

das Faultier
das Maultier

AULUNG

die Verfaulung
die Vergraulung

AULUST

die Baulust
die Schaulust

AUM

der Baum
der Flaum
geraum
der Himmelsraum
kaum
der Liebestraum
der Purzelbaum
der Raum
der Saum
der Schaum
der Traum
der Tannenbaum
der Weihnachtsbaum
der Zaum

im zaum
der Zwischenraum

AUME

die Pflaume
dem Baume
eine geraume
im Raume

AUMEL

das Gebaumel
der Taumel

AUMELN

baumeln
taumeln

AUMEN

der Daumen
der Gaumen
die Pflaumen
anberaumen

AUMES

ein geraumes

AUMIG

flaumig
schaumig

AUMLE

ich baumle
ich taumle

AUMLIG

taumlig

AUMUNG

die Anberaumung

AUN

abgehaun
der Alaun
der Alraun
braun
der Clown
down
der Faun
die Fraun
das Geraun
der Kapaun
schaun
traun!
vertraun
der Zaun

AUNE

die Alraune
die Daune
das Geraune

die Kaldaune
die Laune
die Posaune
ich raune
ich staune
der braune
am Zaune

AUNEN

die Alraunen
ausposaunen
die Daunen
bestaunen
die braunen
erstaunen
das Erstaunen
die Kaldaunen
die Kapaunen
die Launen
die Posaunen
posaunen
raunen
staunen

AUNER

ein Brauner
ein Gauner
ein Rauner
ein abgehauner

AUNES

ein braunes

AUNIG

daunig
launig

AUNISCH

faunisch
launisch

AUNLICH

erstaunlich

AUNT

ausposaunt
gutgelaunt
erstaunt
er raunt
er staunt

AUNTER

ein gelaunter
ein erstaunter

AUNTES

ein gelauntes
ein erstauntes

AUNZE

das Gemaunze

das Geraunze
ich maunze
ich raunze

AUPE

die Graupe
die Raupe
die Staupe

AUPELN

graupeln
die Graupeln
knaupeln

AUPEN

die Graupen
die Raupen
die Staupen

AUPIG

graupig

AUPT

das Haupt
überhaupt
(dazu aubt)

AUPTEN

ich behaupte
behaupten
(dazu aubten)

AUR

der Zentaur

AURA

die Aura

AURER

ein Maurer
ein saurer

AURIG

schaurig
traurig

AUS

Applaus
aus
daraus
heraus
hinaus
überaus
voraus
woraus
der Garaus
der Braus
in Saus und Braus

der Daus
ei der Daus!
drauß'
die Fledermaus
das Gartenhaus
der Graus
das Haus
kraus
die Laus
die Maus
die Mickymaus
Reißaus
der Saus
der Schmaus
das Sommerhaus
der Strauß
das Warenhaus

AUSAM

grausam

AUSCH

der Bausch
der Flausch
der Rausch
der Tausch
ich lausch
ich plausch

AUSCHE

die Brausche (Schramme)
ich bausche
ich lausche
ich plausche
ich rausche
ich tausche

AUSCHEN

bauschen
belauschen
berauschen
erlauschen
lauschen
plauschen
rauschen
tauschen
vertauschen
die Brauschen
die Karauschen

AUSCHER

ein Lauscher
ein Plauscher
ein Tauscher

AUSCHIG

bauschig
plauschig

AUSCHT

aufgebauscht
berauscht
verrauscht

vertauscht
erlauscht
er rauscht

AUSCHTER

ein aufgebauschter
ein belauschter
ein berauschter
ein getauschter

AUSCHTES

ein aufgebauschtes
ein belauschtes
ein berauschtes
ein vertauschtes

AUSCHUNG

die Aufbauschung
die Belauschung
die Berauschung
die Vertauschung

AUSE

der Banause
die Brause
ich brause
die Flause
das Gebrause
das Gesause
das Geschmause
ein Gezause
zu Hause
ich hause
die Jause
die Karthause
die Klause
ich krause
die Krause
ich lause
die Pause
die Sause
ich sause
ich schmause
ich zause

AUSEN

aufbrausen
außen
die Banausen
brausen
das Brausen
die Flausen
grausen
hausen
die Jausen
jausen
die Krausen
krausen
lausen
mausen
das Meeresbrausen
das Ohrensausen
die Pausen
sausen
schmausen

das Sturmesbrausen
zausen
zerzausen

AUSEND

potztausend
tausend
brausend
hausend
schmausend

AUSER

außer
ein Brauser
das Genauser
ein Knauser
ein krauser
der Lauser
die Mauser
ein Sauser

AUSERN

knausern
sich mausern

AUSIG

grausig
lausig

AUSLICH

grauslich

AUST

die Faust
mich graust
du haust
du schaust
du schmaust
verlaust
verschmaust
zerzaust

AUSTER

die Auster
ein behauster
ein gekrauster
ein verlauster
ein zerzauster

AUSTERN

die Austern

AUSTES

ein behaustes
ein gekraustes
ein verlaustes
ein durchsaustes
ein zerzaustes

AUSTHEIT

die Verlaustheit
die Zerzaustheit

AUT

abgeflaut
der Argonaut
der Astronaut
bebaut
betaut
betraut
die Braut
ergraut
die Haut
der Knockout
das Kraut
laut
der Laut
die Maut
er schaut
es taut
betraut
er traut
er verhaut
vertraut
zerkaut

AUTE

ich baute
die Flaute
dem Kraute
die Laute
der laute
die Raute
es taute
die Traute
die Vertraute

AUTER

ein bebauter
ein ergrauter
der Klabauter
der Krauter
lauter (rein)
lauter (von laut)
ein geschauter
ein gestauter
ein betauter
ein Vertrauter

AUTES

ein gebautes
ein verdautes
ein ergrautes
ein geklautes
ein lautes
versautes
ein geschautes
ein vertrautes

AUTHEIT

die Erbauheit
die Lautheit
die Vertrautheit

AUTIG

krautig
gleichlautig
rautig

AUTISCH

nautisch
argonautisch

AUTUNG

die Verkrautung
die Verlautung

AUUNG

die Bebauung
die Beschauung
die Betrauung
die Erbauung
die Stauung
die Trauung
die Verdauung

AUWERK

Bauwerk

AUZ

bauz !
der Kauz
des Krauts
des Lauts
pardauz !
plauz !
mir graut's
ich schnauz
schon taut's

AUZE

dem Kauze
ich plauze
ich schnauze
die Schnauze

AUZEN

plauzen
zuplauzen
die Schnauzen
schnauzen
anschnauzen

AV

brav
konkav
das Oktav
oktav
(dazu af)

AVA

Java
die Lava

AVE

die Agave
die Enklave
die Exklave
die Oktave
der Sklave

AVEN

die Agaven
die braven
die Enklaven
die konkaven
die Oktaven
die Sklaven

AVER

ein braver
der Kadaver
ein konkaver

AVHEIT

die Bravheit
die Konkavheit

AVISCH

sklavisch
slawisch

AX

Fax
lax
Pax
die Syntax

AXE

ich faxe
die Haxe
ich laxe
die Taxe

AXEL

die Achsel
das Gekraxel

AXELN

kraxeln
die Achseln

AXEN

die Faxen
die Haxen
die laxen
die Taxen

AXIS

die Praxis
die Taxis
Thurn und Taxis

AXT

die Axt
(auch agst)

Reimendungen mit dem Anfangsbuchstaben

E

E - EE - EH

Abbé
Abc
das Ade
die Allee
die Alloé
die Armee
das Atelier
der Attaché
das Baiser
der Bankier
ein Bidet
das Buffet
das Budget
das Café
die Charité
die Chaussee
der Chevalier
die Comité
das Collier
das Coupé
das Couplet
der Croupier
das Defilée
das Dekolleté
das Diner
der Dreh
der Effet
das Entrée
das Essay
das Exposé
das Faksimile
die Fee
das Filet
der Financier
das Fricassé
das Gelee
der Geistliche
der Gläubige
die Hautevolee
der Heilige
die Heitere
herrjemine!
der Hotelier
die Idee
je
juchhe!
der Kaffee
das Kanapee
das Karree
der Klee
das Klischee
das Komitee
Lee
die Livree
die Matinee
das Metier
die Moschee
nee!
das Negligé
oje!
ojemine!
die Orchidee
die Odyssee
passé
piqué
die Pfennige
das Plissee
das Portepee

der Portier
der Protegé
das Püree
das Reh
das Renommée
das Ressümee
das Rommé
die See
der Schnee
das Separées
die Soiree
das Souper
in spe
der Tee
die Tournee
das Varieté
ein Weh
weh
o weh !
der Zeh
geh !
ich steh
ich seh'

EB

der Bestreb
die Spinnweb
ich heb'
geb'
kleb'
leb'
schweb'
streb'
web'

EBE

ich bebe
Ephebe
das Gewebe
ich gebe
ich hebe
ich klebe
ich lebe
die Rebe
ich schwebe
die schwebe
die Strebe
ich strebe
ich webe

EBEL

der Hebel
der Knebel
der Nebel

EBELN

benebeln
knebeln
vernebeln
den Hebeln
den Knebeln

EBEN

abgeben
abheben
angeben

ankleben
aufgeben
aufheben
beben
das Beben
sich begeben
beleben
das Bestreben
daneben
eben
eingeben
die Epheben
das Erdbeben
erbeben
ergeben
erheben
entschweben
erstreben
geben
heben
hingeben
leben
das Leben
neben
die Reben
schweben
streben
umgeben
untergeben
vergeben
verheben
verleben
zugeben
die Weben
widerstreben

EBEND

bebend
belebend
erbebend
erhebend
herzerhebend
klebend
lebend
schwebend
strebend
widerstrebend

EBENDE

das Belebende
der Gebende
der Strebende

EBENS

vergebens
zeitlebens
des Lebens
des Strebens
sie erleben's

EBER

der Eber
der Geber
der Heber
der Kleber
die Leber
der Streber

der Treber
der Wagenheber
der Weber

EBIG

langlebig
vierhebig
zielstrebig
geb ich
heb ich
leb ich

EBLICH(G)

angeblich
erheblich
maßgeblich
unerheblich
überheblich
vergeblich
neblig

EBNE

die Ebne
ich ebne
das Gegebne
der Untergebne

EBNEN

ebnen
die Ebnen
die Untergebnen

EBNIS

das Begebnis
das Ergebnis
das Erlebnis

EBS

der Krebs
ein Plebs
Gott geb's!
ich erleb's

EBST

du bebst
du geb'st
du hebst
du klebst
du krebst
du lebst
nebst
du schwebst
du strebst

EBUNG

Belebung
die Bestrebung
die Ergebung
die Erhebung
die Hebung
die Umgebung
die Vergebung
die Verstrebung

ECH

das Blech
frech
ich brech
ich stech
das Pech
(dazu äch)

ECHE

ich bleche
ich besteche
die Bleche
die freche
das Gespreche
das Gezeche
ich verspreche
die Zeche
(dazu äche)

ECHEN

aufbrechen
besprechen
bestechen
blechen
brechen
einbrechen
erfrechen
erstechen
die frechen
die Gebrechen
gebrechen
der Rechen
das Sprechen
sprechen
stechen
das Stechen
die Tschechen
unterbrechen
das Verbrechen
das Versprechen
versprechen
zechen
die Zechen
zerbrechen
(dazu ächen)

ECHER

der Bahnbrecher
der Becher
der Brecher
der Ehebrecher
der Einbrecher
der Kupferstecher
der Sprecher
der Stecher
er Verbrecher
der Zecher
(dazu ächer)

ECHERN

bechern
blechern
den Ehebrechern
den Sprechern
(dazu ächern)

ECHLICH

bestechlich
gebrechlich
unaussprechlich
zerbrechlich

ECHS (ECKS)

ex
die Hex
der Klecks
der Komplex
der Konnex
konvex
perplex
der Reflex
sechs
Sex
des Flecks
des Schrecks
ich hex
ich klecks
(dazu äcks)

ECHSE (ECKSE)

die Echse
die Flechse
die Hexe
sechse
die Fexe
die Kleckse
ich kleckse
(dazu ächse)

ECHSEL (ECKSEL)

das Gedrechsel
der Wechsel (Bankpapier)
der Wechsel (verändern)
ich drechsel
ich wechsel

ECHSELN (ECKSELN)

drechseln
verwechseln
wechseln
den Wechseln

ECHSEN (ECKSEN)

fexen
hexen
klecksen
den Komplexen
zu sechsen
die Echsen
den Flechsen

ECHSLER

der Drechsler
der Wechsler

ECHST

behext
bekleckst
du blechst

zu sechst
der Text
verhext
verkleckst
du neckst
du schreckst
du zechst

ECHT

er blecht
echt
das Gefecht
das Geflecht
gerecht
das Geschlecht
ich fecht
ich flecht
der Hecht
der Knecht
kunstgerecht
mundgerecht
Menschenrecht
er radebrecht
das Recht
recht
regelrecht
schlecht
der Specht
zurecht
(dazu ächt)

ECHTE

das Echte
ich fechte
ich flechte
die Flechte
das Gerechte
dem Geschlechte
die Knechte
die Rechte
(dazu ächte)

ECHTEN

anflechten
fechten
flechten
die Gerechten
knechten
den Knechten
rechten
die Rechten
sie radebrechten
die schlechten
verfechten
verflechten
(dazu ächten)

ECHTER

ein Bezechter
der Fechter
der Flechter
ein Gerechter
ein schlechter
ein Spiegelfechter
der Verfechter
(dazu ächter)

ECHTLICH

geschlechtlich
rechtlich
(dazu ächtlich)

ECHTUNG

die Anfechtung
die Knechtung
die Verflechtung
(dazu ächtung)

ECHUNG

die Besprechung
die Bestechung
die Brechung
die Entsprechung
die Heiligsprechung
die Unterbrechung
die Versprechung

ECHZEN

lechzen
(dazu ächzen)

ECK

das Besteck
das Deck
der Dreck
das Eck
der Fleck
der Geck
das Gedeck
das Heck
keck
das Leck
leck
der Neck
queck
das Reck
der Scheck
der Schreck
der Speck
der Treck
das Verdeck
das Versteck
der Weck
weg
hinweg
der Zweck
ich deck
ich schreck
ich steck
(dazu äck)

ECKCHEN

Deckchen
Eckchen
Fleckächen
(dazu äckchen)

ECKE

die Decke
die Ecke

die Flecke
die Hecke
die Heuschrecke
die Kecke
die Quecke
der Recke
der Schecke
ich schlecke
die Schnecke
ich stecke
die Strecke
die Zecke
dem Zwecke
ich beflecke
ich erschrecke
(dazu äcke)

ECKEL

der Deckel
der Seckel
der Teckel
(dazu äckel)

ECKEN

abschrecken
abstecken
anecken
anstecken
aushecken
das Becken
beflecken
blecken
decken
die Decken
die Ecken
erschrecken
erstrecken
der Flecken
die Hecken
klecken
lecken
necken
niederstrecken
recken
schmecken
die Schnecken
der Schrecken
der Stecken
stecken
die Strecken
strecken
verdecken
verdrecken
verrecken
vollstrecken
wecken
(dazu äcken)

ECKER

der Bäcker
der Decker
der Doppeldecker
die Ecker
der Erwecker
das Gekecker
das Geklecker
das Gemecker

ein Geschlecker
kecker
lecker
der Schlecker
der Schmecker
der Speichellecker
der Stecker
der Trecker
der Vollstrecker
der Wecker
(dazu äcker)

ECKERN

keckern
kleckern
meckern
schleckern
den Entdeckern
die leckern
(dazu äckern)

ECKIG

dreckig
eckig
fleckig
neckig
scheckig
speckig

ECKIG

erklecklich
schrecklich

ECKT

der Affeekt
er hat angeeckt
angesteckt
der Architekt
der Aspekt
aufgereckt
aufgeschreckt
aufgeweckt
bedeckt
befleckt
besteckt
er bezweckt
er deckt
der Defekt
derfekt
der Dialekt
direkt
der Effekt
erschreckt
gedeckt
gescheckt
gesteckt
geweckt
das Insekt
der Intellekt
das Konfekt
er leckt
er neckt
das Objekt
der Präfekt
das Projekt
das Prospekt
er reckt

der Respekt
er schleckt
er schmeckt
der Sekt
er steckt
er streckt
das Subjekt
suspekt
das Trajekt
verdreckt
versteckt
vollstreckt
er weckt
(dazu äckt)

ECKTE

die Kollekte
die Prospekte
die Sekte
ich schreckte
ich weckte

ECKTEN

die Architekten
die Effekten
die gescheckten
die Pandekten
sie deckten
sie schreckten

ECKUNG

die Auferweckung
die Bedeckung
die Befleckung
die Deckung
die Entdeckung
die Erweckung
die Kopfbedeckung
die Streckung
die Vollstreckung

EDE

ich befehde
die Fehde
das Gerede
jede
jedwede
die Reede
ich rede
die Rede
der Schwede
stante pede
die Widerrede
Wrede

EDEL

edel
der Schädel
der Wedel

EDELN

die Edeln
veredeln
wedeln

EDEN

anreden
befehden
bereden
die Fehden
jeden
reden
die Reden
überreden
zerreden

EDER

entweder
die Feder
jeder
jedweder
das Katheder
das Leder
der Reeder
weder
die Zeder

EDIG

ledig
Venedig

EDIGEN

sich entledigen
erledigen
predigen
den ledigen

EDIGT

er erledigt
die Predigt
er predigt

EDO

das Credo
Toledo

EF-EFF-EPH

betreff
der Chef
aus dem Effeff
das Reff
das Relief
Joseph
der Treff
ich treff
(dazu äff)

EFE-EFFE

ich kleffe
der Neffe
ich treffe
(dazu äffe)

EFEL

die Hefel
der Schwefel
der Frevel

EFFEN

antreffen
ins Hintertreffen
die Neffen
reffen
das Treffen
übertreffen
zusammentreffen
(dazu äffen)

EFFER

der Kleffer
der Pfeffer
der Treffer
(dazu äffer)

EFT

das Heft
ihr trefft
(dazu äft)

EFTEN

heften
sie reften
(dazu äften)

EFTIG

deftig
heftig
(dazu äftigd)

EFTIGEN

die deftigen
die heftigen

EG

der Beleg
das Kolleg
das Privileg
der Steg
der Weg
ich heg
ich leg

EGE

idie Belege
ich bewege
ich fege
das Gehege
das Gelege
ich hege
der Kollege
ich lege
ich pflege
ich rege
ich überlege
die Wege
zuwege

EGEL

der Egel
der Flegel

der Kegel
der Pegel
die Regel
der Schlegel
das Segel

EGELN

kegeln
regeln
segeln
den Flegeln
die Regeln

EGEN

allerwegen
anlegen
anregen
belegen
der Degen
dagegen
deswegen
entgegen
entlegen
erregen
fegen
gegen
gelegen
hegen
hingegen
die Kollegen
egen
meinetwegen
pflegen
der Regen
regen
einen regen
der Segen
den Stegen
die Strategen
überlegen (nachdenken)
überlegen (erhaben)
ungelegen
unterlegen
verlegen (schüchtern)
verlegen (etwas)
verwegen
wegen
den Wegen
weswegen
widerlegen
zerlegen
zulegen

EGEND

bewegend
erregend
fegend
die Gegend
überlegend

EGER

der Erreger
der Feger
der Heger
der Kartenleger
der Leger

der Minenleger
der Neger
ein Norweger
der Pfleger
ein reger
der Verleger

EGGE

die Egge
die Segge

EGIEN

die Kollegien
die Privilegien
die Sakrilegien

EGION

die Legion
die Region

EGLICH

beweglich
jeglich
pfleglich
unbeweglich
unwiderleglich

EGNEN

begegnen
entgegnen
regnen
segnen
die Unterlegnen
die Verwegnen

EGNER

der Gegner
ein entlegner
ein verwegner

EGNET

er begegnet
es regnet
er segnet

EGNUNG

die Begegnung
die Entgegnung
die Segnung

EGS

keineswegs
unterwegs
des Kollegs
des Stegs
ich leg's

EGT

angeregt
aufgelegt

aufgeregt
bewegt
erregt
er fegt
gefegt
gepflegt
er hegt
er legt
er pflegt
er regt
ungepflegt
unüberlegt

EGUNG

die Belegung
die Bewegung
die Erregung
die Handbewegung
die Hegung
die Grundsteinlegung
die Regung
die Überlegung
der Verpflegung
die Zerlegung

EHE

die Ehe
ehe
ich drehe
ich flehe
ich gehe
die Rehe
es geschehe
die Schlehe
ich sehe
ich stehe
wehe !
die Zehe

EHEN

absehen
andrehen (etwas)
die Alleen
anflehen
aufdrehen
ansehen
das Ansehen
das Aufsehen
begehen
beidrehen
bestehen
drehen
die Ehen
eingehen
das Einsehen
entgehen
entstehen
ergehen
erstehen
flehen
gehen
das Geschehen
geschehen
gesehen
hintergehen
das Lehen
nachsehen

nachstehen
den Rehen
sehen
stehen
übersehen
überstehen
unbesehen
untergehen
(sich) unterstehen
das Vergehen
vergehen
versehen
verstehen
verwehen
vorüberwehen
wehen
die Wehen
widerstehen
wiedersehen
das Wiedersehen
das Wohlergehen
die Zehen

EHENDS

durchgehends
zusehends

EHER

der Amtsvorsteher
der Dreher
eher
der Fleher
der Geher
der Geisterseher
der Seher
der Steher
der Verdreher
der Wortverdreher

EHUNG

die Auferstehung
die Begehung
die Drehung
die Entstehung
die Verdrehung
die Verwehung

EI

die Abtei
die Akelei
die Alberei
allerlei
die Arznei
anbei
die Anpöbelei
die Aufschneiderei
die Bäckerei
die Balgerei
die Barbarei
die Bastei
bei
die Betrügerei
die Bettelei
die Bildhauerei
das Blei
die Brauerei

der Brei
die Brennerei
die Buchbinderei
die Bücherei
die Druckerei
bye, bye !
dabei
die Deutelei
dideldumdei!
drei
dreierlei
die Dudelei
die Effekthascherei
das Ei
Eifersüchtelei
das Einerlei
einerlei
die Einsiedelei
einwandfrei
entzwei
die Fäberei
die Falschmünzerei
die Faselei
die Faulenzerei
die Fiedelei
die Fischerei
die Flegelei
die Försterei
frei
die Fresserei
die Frömmelei
die Gärtnerei
die Gaukelei
die Gaunerei
auf Gedeih
das Geschrei
das Geweih
die Gerberei
die Gießerei
die Grübelei
die Heuchelei
die Hexerei
die Hochstapelei
herbei
hierbei
die Jägerei
juchhei!
die Juristerei
die Kanzlei
die Kartei
die Keilerei
die Ketzerei
die Kinderei
die Klatscherei
die Klimperei
die Knauserei
die Kocherei
die Konditorei
das Konterfei
die Kraxelei
die Kriecherei
der Lakei
die Lauferei
die Leckerei
die Liebelei
die Liebhaberei
die Litanei
die Lobhudelei
die Lorelei
die Lümmelei

die Lumperei
die Mäkelei
die Malerei
mancherlei
die Meierei
die Meisterei
die Melkerei
die Meuterei
die Metzelei
die Mogelei
die Molkerei
die Nackedei
die Narretei
die Nascherei
der Papagei
die Partei
die Pfarrei
die Pfuscherei
die Pinselei
die Plackerei
die Plauderei
die Prahlerei
die Prasserei
die Prellerei
die Polizei
die Prügelei
die Quäkerei
die Quälerei
die Raserei
die Rauferei
die Reederei
an der Reih'
die Reimerei
die Reiterei
die Rüpelei

die Sämerei
die Salbei
die Sakristei
die Sauerei
die Schäkerei
die Schalmei
die Schererei
die Schinderei
die Schlägerei
die Schlei
die Schlemmerei
die Schmauserei
die Schmeichelei
die Schmuggelei
die Schmuserei
die Schnäbelei
die Schneiderei
die Schnitzelei
die Schnitzerei
der Schrei
die Schreiberei
die Schreinerei
die Schufterei
die Schulmeisterei
die Schurkerei
die Schwärmerei
die Schweinerei
die Schwindelei
es sei !
die Sklaverei
die Spielerei
die Spinnerei
die Spitzbüberei
die Spöttelei
die Stänkerei

die Staffelei
die Stichelei
die Stickerei
die Streiterei
die Sudelei
die Tändelei
die Teufelei
die Tölpelei
die Trödelei
die Tyrannei
der Verleih
verzeih!
vielerlei
die Vielweiberei
die Vielwisserei
die Völlerei
die Vogtei
vorbei
die Wäscherei
die Wahrsagerei
die Weberei
die Wichtigtuerei
wobei
die Wühlerei
die Wüstenei
die Zänkerei
die Zauberei
zwei
zweierlei
(dazu ai)

EIB

bleib!
der Leib
ich schreib
der Verbleib
das Weib
der Zeitvertreib

EIBCHEN

das Leibchen
das Scheibchen
das Weibchen

EIBE

beileibe!
die Bleibe
die Eibe
das Geschreibe
dem Leibe
die Reibe
ich reibe
die Scheibe
ich schreibe
ich treibe
dem Weibe

EIBEN

abtreiben
beschreiben
betreiben
leiben
einverleiben
entleiben
das Faschingstreiben
hintertreiben

das Kesseltreiben
reiben
die Scheiben
schreiben
das Schreiben
treiben
übrigbleiben
übertreiben
unterbleiben
unterschreiben
verbleiben
verschreiben
vertreiben
zurückbleiben

EIBER

der Beschreiber
der Kleiber
die Leiber
der Schreiber
der Treiber
die Weiber

EIBLICH

leiblich
unausbleiblich
unbeschreiblich
weiblich

EIBSEL

das Geschreibsel
die Überbleibsel

EIBT

beleibt
beweibt
er betreibt
er bleibt
er schreibt

EIBUNG

die Beschreibung
die Einverleibung
die Entleibung
die Hintertreibung
die Reibung
die Schreibung
die Umschreibung
die Verschreibung
die Vertreibung

EICH

der Backenstreich
der Bereich
der Bubenstreich
bleich
der Deich
deckungsgleich
engelsgleich
folgenreich
gleich
kinderreich
das Reich
reich
der Scheich

schleich!
sogleich
der Streich
der Teich
der Vergleich
weich
der Zapfenstreich
zugleich

EICHE

die Bleiche
die Blindschleiche
die Eiche
ich erbleiche
ich erreiche
die Leiche
ich reiche
ich schleiche
die Speiche
die Weiche (Gleis)
ich weiche
die Teiche

EICHEL

die Eichel
das Geschmeichel
der Speichel

EICHELN

schmeicheln
streicheln
den Eicheln

EICHEN

anstreichen
bestreichen
bleichen
das Breichen
desgleichen
die Eichen
das Eichen
eichen
den Deichen
eindeichen
einweichen
entweichen
erweichen
erbleichen
erreichen
entweichen
das Fragezeichen
die Gleichen
gleichen
das Lebenszeichen
das Lesezeichen
die Leichen
ohnegleichen
reichen
schleichen
sondergleichen
die Speichen
streichen
unterstreichen
vergleichen
verstreichen
weichen
das Zeichen

EICHER

ein bleicher
der Fußabstreifer
ein Gleicher
ein Reicher
der Schleicher
der Seicher
der Streicher

EICHERN

bereichern
speichern
den Schleichern
den Streichern

EICHLICH

reichlich
unausweichlich
unvergleichlich
unzureichlich
weichlich

EICHNIS

das Gleichnis
das Verzeichnis

EICHT

eingedeicht
gebleicht
geeicht
leicht
seicht
unerreicht
er schleicht
er vergleicht
(dazu aicht)

EICHTE

die Beichte
er bleichte
ich erbleichte
die leichte
es reichte
die unerreichte
er weichte

EICHTEN

beichten
sie bleichten
sie reichten
sie weichten

EICHUNG

die Eichung
die Erreichung
die Erweichung
die Gleichung
die Streichung
die Überreichung
die Ungleichung
die Unterstreichung
die Vergleichung

EID

der Eid
das Kleid
das Leid
der Neid
der Bescheid
der Schneid
(dazu eit)

EIDE

beide
die Eingeweide
das Geschmeide
das Getreide
die Heide
der Heide
die Kreide
ich leide
ich meide
ich neide
dem Neide
ich scheide
die Scheide
die Schneide
die Seide
die Weide (Baum)
die Weide (Wiese)
die Wetterscheide

EIDEN

ankreiden
beeiden
beneiden
(sich) bescheiden
bescheiden (sein)
beschneiden
entscheiden
erleiden
die Heiden
kleiden
leiden
das Leiden
meiden
neiden
die Seiden
seiden
scheiden
unbescheiden
unterscheiden
verleiden
verscheiden
verschneiden
weiden
die Weiden
zerschneiden
(dazu aiden)

EIDER

beider
der Beutelschneider
der Halsabschneider
der Hungerleider
die Kleider
leider!
die Neider
der Schneider

EIDERN

schneidern
den Kleidern
den Neidern
den Schneidern

EIDIG(CH)

geschmeidig
kreidig
leidig
meineidig
mitleidig
schneidig
seidig
wehleidig
zweischneidig
leid ich
scheid ich

EIDIGEN

beleidigen
vereidigen
verteidigen
die leidigen
die schneidigen
die seidigen

EIDIGT

beleidigt
er vereidigt
er verteidigt

EIDIGUNG

die Beleidigung
die Vereidigung
die Verteidigung

EIDLICH

eidlich
leidlich
unleidlich
unvermeidlich
weidlich

EIDUNG

die Beeidung
die Bekleidung
die Beschneidung
die Entkleidung
die Entscheidung
die Erleidung
die Kleidung
die Scheidung
die Überschneidung
die Unterscheidung
die Verkleidung
die Vermeidung

EIE

die Kleie
die Reihe
die Schleie
die Weihe (Fest)

die Weihe (Vogel)
der Freie
die Schreie
ich weihe
(dazu aie)

EIEN

aneinanderreihen
angedeihen (lassen)
anschreien
aufreihen
befreien
beleihen
benedeien
beschreien
einschneien
entleihen
entweihen
entzweien
freien
das Gedeihen
gedeihen
kasteien
konterfeien
leihen
die Liebeleien
prophezeien
die Reihen
reihen
schneien
sie seien
seihen
speien
verleihen
vermaledeien
verschreien
verzeihen
weihen
zeihen
zu zweien

EIEND

befreiend
feuerspeiend
himmelschreiend
schreiend
seiend
verzeihend

EIER

der Befreier
das Biedermeier
ein Dreier
die Eier
die Feier
der Freier
freier
der Geier
das Geleier
die Leier
der Meier
der Prophezeier
der Reiher
der Schleier
der Schreier
der Verleiher
der Wasserspeier

der Weiher
ein Zweier
(dazu aier)

EIERN

anleiern
den Befreiern
bleiern
den Eiern
entschleiern
feiern
die Feiern
lackmeiern
leiern
verschleiern

EIF

das Gekeif
der Greif
ich kneif
ich pfeif
reif
der Reif
der Schweif
steif
die Streif

EIFCHEN

das Pfeifchen
das Schleifchen
das Schweifchen
das Streifchen

EIFE

ich begreife
das Gekeife
das Gepfeife
ich greife
ich keife
ich kneife
ich pfeife
die Pfeife
die Reife
die Schleife
ich schleife
ich schweife
die Seife
die Steife
ich streife
die Streife
das Umhergeschweife
die Unterschleife

EIFEL

die Eifel
der Zweifel

EIFEN

abkneifen
abstreifen
angreifen
auskneifen
ausschweifen
begreifen
einseifen

ergreifen
greifen
den Greifen
keifen
kneifen
die Pfeifen
pfeifen
die Reifen
reifen
die Schleifen
schleifen
schweifen
streifen
der Streifen
sich vergreifen
verkneifen
verpfeifen
versteifen

EIFEND

ergreifend
greifend
herzergreifend
pfeifend
schweifend
sich versteifend

EIFER

der Angreifer
der Eifer
der Geifer
der Greifer
der Keifer
der Kneifer
der Pfeifer
der Regenpfeifer
reifer
der Scherenschleifer
der Schleifer
steifer

EIFERN

den Angreifern
eifern
ereifern
geifern
den Pfeifern
die reifern

EIFIG

sseifig
streifig
weitschweifig

EIFLICH

reiflich
unbegreiflich

EIFUNG

eine Abseifung
die Bereifung
die Ergreifung
die Reifung
die Schleifung

EIG

der Bürgersteig
feig
der Felsensteig
der Fingerzeig
das Gezweig
der Kuchenteig
neig!
der Sauerteig
schweig
der Steig
steig!
der Teig
der Zweig

EIGE

die Anzeige
der Feige
die Feige
feige
die Geige
ich geige
ich neige
die Neige
ich schweige
ich steige
die Steige
ich zeige
die Zweige

EIGEN

absteigen
abzweigen
ansteigen
anzeigen
die Anzeigen
aussteigen
besteigen
bezeigen
eigen
zu Eigen
einsteigen
ersteigen
die Feigen
die Geigen
geigen
leibeigen
neigen
der Reigen
die Schweigen
schweigen
die Steigen
steigen
verneigen
verschweigen
versteigen
verzweigen
zeigen
zuneigen
zusteigen

EIGER

der Bergsteiger
ein feiger
der Geiger
der Lokalanzeiger

der Schweiger
der Steiger
der Zeiger

EIGERER

der Dienstverweigerer
der Versteigerer
der Verweigerer

EIGERN

den Geigern
steigern
versteigern
verweigern
weigern
den Zeigern

EIGERUNG

die Steigerung
die Versteigerung
die Verweigerung
die Weigerung

EIGUNG

die Besteigung
die Bezeigung
die Ehrenbezeigung
die Gunstbezeigung
die Ersteigung
die Neigung
die Steigung
die Verneigung
die Verzweigung
die Zuneigung

EIHE

ich gedeihe
ich leihe
die Anleihe
die Reihe
ich weihe
die Weihe
ich verzeihe
(dazu eie)

EIHEN

gedeihen
leihen
die Reihen
die Weihen
verzeihen
(dazu eien)

EIHER

Verleiher
der Reiher
der Weiher
(dazu eier)

EIHUNG

die Gedeihung
die Beleihung

die Prophezeihung
die Einreihung
die Weihung
Verzeihung
(dazu eiung)

EIK

gentlemanlik
der Scheik
der Streik

EIL

das Abteil
alleweil
das Beil
feil
das Gegenteil
geil
der Gewinnanteil
das Heil
heil !
das Hinterteil
der Keil
der Pfeil
das Seelenheil
das Seil
steil
der Teil
das Urteil
weil
verweil!
das Vorurteil
wohlfeil

EILAND

das Eiland
das Freiland
der Heiland
weiland

EILBAR

heilbar
teilbar

EILCHEN

das Seilchen
das Teilchen
das Veilchen
das Weilchen

EILE

ich eile
die Eile
die Feile
das Geile
ich heile
die Keile
die Langeweile
die Meile
mittlerweile
die Pfeile
die Seile
die steile
die Teile
ich verweile

die Weile
die Zeile

EILEN

abseilen
anpeilen
anseilen
beeilen
bisweilen
eilen
einkeilen
einstweilen
einteilen
erteilen
feilen
heilen
keilen
die Meilen
peilen
den Pfeilen
die steilen
teilen
verheilen
verkeilen
verweilen
weilen
die Zeilen
zuteilen
zuweilen

EILER

der Keiler
der Meiler
der Pfeiler
der Seiler
steiler
der Teiler
der Verteiler
der Weiler
ein wohlfeiler

EILIG(CH)

eilig
einstweilig
freilich
gedeihlich
gegenteilig
heilig
langweilig
parteilich
polizeilich
verzeihlich
unverzeihlich

EILIGEN

beteiligen
die eiligen
heiligen
die Heiligen

EILS

einesteils
größtenteils
des Pfeils
meistenteils

teils
weil's

EILT

er eilt
er feilt
er heilt
er peilt
er seilt
er teilt
er weilt

EILUNG

die Abteilung
die Geldzuteillung
die Gradeinteilung
die Heilung
die Peilung
die Übereilung
die Verteilung

EIM

beim
daheim
geheim
das Heim
heim
insgeheim
der Keim
der Leim
ich leim
der Reim
ich reim
der Schleim
der Seim
Hildesheim
der Honigseim
Oppenheim
Pappenheim
Rüdesheim

EIMEN

im geheimen
keimen
leimen
reimen
verschleimen

EIMER

der Eimer
der Schleimer
ein Geheimer

EIN-EIHN

der Abendschein
der Augenschein
allein
das Bäuerlein
das Bein
befrein
dein
darein
der Edelstein
das Elfenbein

ein
ich erschein
fein
der Führerschein
das Gebein
das Gestein
gemein
handgemein
herein
hinein
hinterdrein
die Höllenpein
hundsgemein
insgeheim
das Jägerlatein
das Kämmerlein
kein
die Kinderein
klein
das Latein
der Meilenstein
das Mütterlein
mein
ich mein
der Mondenschein
das Nasenbein
nein
obendrein
der Opferstein
die Pein
querfeldein
rein
der Rhein
der Schein
das Schlüsselbein
das Schneiderlein
der Schrein
das Schrein
das Schwein
die Seelenpein
sein
der Sonnenschein
das Stachelschwein
der Stein
der Sternenschein
das Töchterlein
der Totenschein
das Überbein
überein
ungemein
der Verein
das Vögelein
im Vorhinein
der Wein
der Widerschein
das Zipperlein
zu zwein

EINCHEN

das Beinchen
ein Kleinchen
das Schweinchen
das Steinchen
ein Weinchen

EIND

der Feind
(dazu eint)

EINDE

die Gemeinde
die Feinde

EINE

die Beine
deine
eine
die Feine
das Gemeine
keine
die Kleine
die Leine
ich meine
ins Reine
zum Scheine
seine
ich weine

EINEM

einem
deinem
feinem
keinem
kleinem
meinem
seinem

EINEN

anleinen
bescheinen
beweinen
einen
erscheinen
in deinen
die Deinen
greinen
keinen
die kleinen
die Leinen
die Meinen
meinen
im reinen
scheinen
seinen
den Steinen
vereinen
vermeinen
verneinen
versteinen
weinen
(dazu ainen)

EINER

ein Einer
ein gemeiner
der Greiner
Heiner
ein Lateiner
der Verneiner
der Vierbeiner
einer
keiner
kleiner
(dazu ainer)

EINERN

beinern
steinern
verallgemeinern
verfeinern
versteinern
zerkleinern

EINERT

verallgemeinert
verfeinert
versteinert
zerkleinert

EINERUNG

die Verallgemeinerung
die Verfeinerung
die Versteinerung
die Zerkleinerung

EINES

des Beines
etwas Feines
keines
des Weines
(dazu aines)

EINHEIT

die Allgemeinheit
die Einheit
die Feinheit
die Gemeiheit
die Reinheit

EINIG

alleinig
bockbeinig
dreieinig
einig
fadenscheinig
langbeinig
steinig
uneinig

EINIGE

einige
das Deinige
das Meinige
der steinige
ich peinige
ich reinige
das Seinige

EINIGEN

bescheinigen
bereinigen
die Deinigen
einigen
die Meinigen
reinigen
steinigen
vereinigen

EINIGUNG

die Bescheinigung
die Einigung
die Peinigung
die Reinigung
die Steinigung
die Vereinigung

EINLICH

augenscheinlich
kleinlich
peinlich
reinlich
(un)wahrscheinlich

EINS

das Einmaleins
eins
keins
wie mein's
des Scheins

EINSAM

einsam
gemeinsam

EINST

einst
du verneinst
du weinst

EINT

er beweint
der Feind
er eint
er greint
gutgemeint
es scheint
vereint
er verneint
verweint
(dazu aint)

EINUNG

die Beweinung
die Erscheinung
die Meinung
die Verneinung

EINWAND

der Einwand
die Leinwand

EIRAT

der Beirat
die Heirat
der Kanzleirat

EIS-EIß

der Ausweis
der Beweis

ich beiß
das Edelweiß
das Eis
der Fleiß
das Geleis
das Geheiß
die Geiß
das Geschmeiß
das Gleis
der Gneis
der Greis
heiß
ich heiß
der Kreis
leis
der Naseweis
die Paradeis
der Preis
das Reis
der Schweiß
sei's
der Siegerpreis
solcherweis
der Steiß
der Tattergreis
der Verschleiß
der Verweis
weis (machen)
weiß
ich weiß
ich verzeih's
ich verreis
der Wendekreis
der Zauberkreis
(dazu ais)

EISCH

das Fleisch
das Gekreisch
ich heisch
ich kreisch
(dazu aisch)

EISCHEN

erheischen
heischen
kreischen
zerfleischen
(dazu aischen)

EISCHT

eingefleischt
es erheischt
er kreischt

EISE-EIßE

die Ameise
die Arbeitsweise
die Auslandsreise
ich beiße
die Beweise
dummerweise
die Gleise
die Götterspeise
die Greise
die Handlungsweise
der heiße

die Hochzeitsreise
die Kreise
die Lebensweise
leise
die Meise
ich preise
die Reise
ich reise
ich reiße
die Schneise
im Schweiße
solcherweise
die Sommerreise
die Speise
stellenweise
die Weise
der Weise
das Weiße

EISEL-EIßEL

die Geisel
die Geißel
die Kreisel
det Meißel
die Weisel

EISELN-EIßELN

geißeln
kreiseln
meißeln
die Geiseln
die Geißeln
den Meißeln

EISEN-EIßEN

abreißen
abweisen
die Ameisen
anweisen
aufreißen
eißen
beweisen
das Eisen
einkreisen
entgleisen
gleißen
den Geißen
den Gleisen
den Greisen
die heißen
heißen
hinschmeißen
kreisen
die leisen
lobpreisen
preisen
reisen
reißen
schmeißen
die Schneisen
schweißen
die Speisen
überweisen
umkreisen
umreißen
unterweisen
verbeißen
vereisen

vergreisen
verheißen
verreisen
verreißen
zerreißen
verschleißen
verweisen
die Weisen
weisen
die weißen
zerbeißen
zerschmeißen
zusammenschweißen
(dazu aisen)

EISEND-EIßEND

beißend
beweisend
gleißend
glückverheißend
kreisend
lobpreisend
reißend
richtungsweisend
verweisend

EISENDE-EIßENDE

das Gleißende
das Glückverheißende
der Lobpreisende
der Reisende
der reißende
der Spesende

EISER-EIßEN

der Beißer
ein Bullenbeißer
der Geiser
heiser
ein heißer
ein Hosenscheißer
leiser
ein naseweiser
der Possenreißer
die Reiser
der Schweißer
der Weiser (Zeiger)
weiser
ein weißer
(dazu aiser)

EISERN-EIßERN

eisern
die heisern
den Possenreißern
den Reisern
die leisern
den Schweißern
die weisern
den Wegweisern
die weißern
die weisern

EISIG-EIßIG

bärbeißig
doppelgleisig

dreißig
eisig
fleißig
gleisig
das Reisig
schweißig
der Zeisig

EISLICH

erweislich
preislich
weislich
wohlweislich

EIßT-EIST-EIHST

er beißt
dreist
entgleist
feist
der Geist
geschweißt
er heißt
Kleist
er kreist
meist
er preist
er reist
er schmeißt
du schreist
er speist
verreist
vergreist
verreist
du verzeihst
weitgereist
die weißt
zumeist

EISTE

der dreiste
im Geiste
die Leiste
ich leiste
das meiste
ich weißte
ich speisete
ich verreiste

EISTEN

erdreisten
leisten
sie kreisten
die Leisten
am meisten
sie schweißten
sie speisten
die weitgereisten

EISTER

der Bürgermeister
ein dreister
ein feister
die Geister
der Kellermeister
der Kerkermeister

die Kleister
der Meister
so heißt er
ein zugereister

EISTERN

begeistern
geistern
den Geistern
kleistern
meistern
den Meistern

EISTERT

begeistert
entgeistert
er geistert
er meistert
verkleistert

EISTUNG

die Erdreistung
die Leistung

EISUNG-EIßUNG

die Beeisung
Anpreisung
Abspeisung
die Lobpreisung
die Schweißung
die Speisung
die Überweisung
die Umkreisung
die Unterweisung
der Vergreisung
die Verheißung
die Weisung

EIT

allright !
die Ähnlichkeit
die Arbeit
die Abwesenheit
die Angelegenheit
die Artigkeit
die Bangigkeit
die Barmherzigkeit
die Befangenheit
befreit
die Begebenheit
die Behendigkeit
die Belesenheit
bereit
der Bescheid
die Bescheidenheit
die Bequemlichkeit
die Beredsamkeit
die Besonderheit
die Beweglichkeit
die Bitterkeit
die Bosheit
breit
die Christenheit
das Copyright
die Dämlichkeit

die Dankbarkeit
die Dreistigkeit
die Dringlichkeit
die Drolligkeit
die Duldsamkeit
die Dummheit
die Dunkelheit
die Durchtriebenheit
der Eid
die Einheit
die Einigkeit
die Einsamkeit
die Einzelheit
die Eitelkeit
die Emsigkeit
entzweit
die Ewigkeit
die Fähigkeit
die Faulheit
die Feigheit
die Feinheit
die Fertigkeit
die Festigkeit
die Feuchtigkeit
die Flüssigkeit
die Frechheit
die Freiheit
die Frömmigkeit
gefeit
die Gegebenheit
die Geistlichkeit
die Gelegenheit
die Gelassenheit
die Gelegenheit
die Gelehrsamkeit

das Geleit
die Gemeinheit
die Genauigkeit
die Gerechtigkeit
die Geschicklichkeit
das Geschmeid
die Geschwindigkeit
die Gesundheit
die Gewissenhaftigkeit
die Gewohnheit
die Gleichheit
die Gottheit
die Gottlosigkeit
die Grausamkeit
die Heiligkeit
die Heiterkeit
die Helligkeit
die Herrlichkeit
die Herzlichkeit
die Höflichkeit
die Hörigkeit
die Hoheit
jederzeit
die Keuschheit
die Kindheit
das Kleid
die Kleinigkeit
die Klugheit
die Kostbarkeit
die Krankheit
die Lästigkeit
die Leichtigkeit
das Leid
leid
die Möglichkeit

die Müdigkeit
der Neid
die Neuigkeit
die Nichtigkeit
die Obrigkeit
die Öffentlichkeit
die Persönlichkeit
die Reinheit
die Sauberkeit
das Scheit
die Schlechtigkeit
der Schneid
die Schnelligkeit
die Schönheit
die Schwierigkeit
ihr seid
seinerzeit
seit
die Seligkeit
die Sicherheit
die Sorglosigkeit
die Sparsamkeit
die Sprödigkeit
der Streit
die Streitigkeit
die Süßigkeit
die Tapferkeit
die Tätigkeit
die Torheit
die Trunkenheit
die Übelkeit
die Unendlichkeit
die Verborgenheit
die Verbundenheit
die Vergangenheit
die Verlegenheit
die Verlogenheit
vermaledeit
die Vermessenheit
verschneit
die Vertraulichkeit
die Wachsamkeit
die Weiblichkeit
weit
meine Wenigkeit
die Widrigkeit
die Zeit
die Zufriedenheit
zu zweit
die Zwistigkeit

EITE

ich begleite
beiseite
die Breite
um Haaresbreite
die Freite
ich freite
ich geleite
das Geleite
der gescheite
die Pleite
pleite
ich reite
die Seite
die Weite
der zweite
(dazu aite)

EITEL

der Beitel
eitel
der Scheitel

EITELN

scheiteln
vereiteln
den Scheiteln
die eiteln

EITEN

arbeiten
ausbreiten
beizeiten
bereiten
beschreiten
bestreiten
einschreiten
entgleiten
sie freiten
geleiten
die gescheiten
die Gezeiten
gleiten
leiten
die Persönlichkeiten
pleiten
reiten
die Seiten
auf seiten
schreiten
streiten
überschreiten
verbreiten
verleiten
vorbereiten
vorübergleiten
sie weihten
die Weiten
zuzeiten
(dazu aiten)

EITER

der Anstaltsleiter
der Außenseiter
der Begleiter
der Bereiter
der Blitzableiter
breiter
der Eiter
ein Gefreiter
heiter
die Himmelsssleiter
der Kursusleiter
die Leiter
der Paragraphenreiter
der Prinzipienreiter
der Reiter
ein Sonntagsreiter
der Spitzenreiter
der Streiter
ein vermaledeiter
der Wegbereiter
weiter
ein Zweiter

EITERN

eitern
erheitern
erweitern
die Leitern
scheitern
verbreitern
des weitern

EITERT

erheitert
erweitert
gescheitert
verbreitert
vereitert

EITERUNG

die Eiterung
die Erheiterung
die Erweiterung
die Verbreiterung

EITET

abgeleitet
ausgebreitet
ausgeweitet
begleitet
hingebreitet
er leitet
er schreitet
verbreitet
er verleitet
weitverbreitet

EITIG

abseitig
anderweitig
doppelseitig
seitig
streitig
unstreitig
zeitig

EITIGEN

die anderweitigen
beseitigen
zeitigen
die zeitigen

EITLICH

einheitlich
freiheitlich
hochzeitlich
obrigkeitlich
seitlich
zeitlich

EITUNG

die Aufarbeitung
die Ausarbeitung
die Begleitung
die Bereitung

die Leitung
die Überleitung
die Verbreitung
die Vorbereitung
die Weitung
die Zeitung

EIUNG

die Aneinanderreihung
die Befreiung
die Beleiung
die Benedeiung
die Entweihung
die Entzweiung
die Feiung
die Kasteiung
die Prophezeiung
die Verleihung
die Verzeihung

EIZ

allerseits
beiderseits
bereits
der Geiz
nichts Gescheits
ihrerseits
des Kleids
meinerseits
der Reiz
Schweiz
ihr seid's
des Streits

EIZE

die Beize
ich geize
ich heize
ich reize

EIZEN

beizen
geizen
heizen
reizen
spreizen
der Weizen

EIZEND

geizend
reizend
spreizend

EIZER

der Heizer
ein Schweizer

EIZT

gebeizt
er geizt
geheizt
gereizt
gespreizt
er reizt

EIZUNG

die Heizung
die Reizung
die Spreizung

EK

die Bibliothek
die Hypothek
die Kartothek
die Pinakothek

EKE

die Apotheke
die Kopeke
die Scharteke
die Theke

EKEL

der Ekel
das Menetekel

EKELN

ekeln
rekeln

EKTISCH

dialektisch
eklektisch
hektisch

EKTOR

der Detektor
der Direktor
Hektor
der Inspektor
der Korrektur
der Lektor
der Protektor
der Rektor
der Sektor
Spiritus rektor

EL-EHL-EEL

das Archipel
der Befehl
der Cocktail
Daniel
ohne Fehl
fehl
fidel
das Hehl
Israel
das Juwel
das Kamel
der Kaneel
das Kautel
der Krakeel
das Mehl
das Paneel
parallel
Samuel
scheel
meiner Seel

Spaniel
ich verhehl

ELBE

erselbe
die Elbe
eine gelbe

ELBER

selber
ein gelber
(dazu älber)

ELCH

der Elch
der Kelch
welch

ELD

das Feld
das Geld
der Held
(dazu elt)

ELDE

die Melde
ich melde
im Felde
dem Gelde
(dazu älde)

ELDEN

melden
die Helden
die Melden

ELDER

der Melder
die Felder
die Gelder
(dazu älder)

ELE-EHLE

die Befehle
ich empfehle
eine fidele
die Garnele
die Kamele
die Kehle
ich krakeele
die Markrele
die Parallele
die Seele
ich empfehle
die Kehle

ELEN

Allerseelen
befehlen
beseelen
bestehlen
empfehlen

entseelen
fehlen
die fidelen
die Juwelen
krakeelen
die Parallelen
schwelen
stehlen
verfehlen
verhehlen

ELEND

befehlend
beseelend
das Elend
empfehlend
fehlend
krakeelend
stehlend

ELER

der Fehler
ein fideler
der Hehler
der Krakeeler
ein paralleler
ein scheeler

ELF

der Behelf
die Elf
elf

ELFEN

helfen
die Elfen
zu elfen

ELFER

das Gebelfer
der Helfer

ELGE

die Felge
ich schwelge

ELGEN

schwelgen
die Felgen

ELIG

armselig
glückselig
holdselig
kehlig
leutselig
mehlig
mühselig
redselig
saumselig
selig
trübselig
unselig

unausstehlich
unwiderstehlich

ELING

der Drehling
die Reling

ELK

melk!
das Gebälk
welk
(dazu älk)

ELKE

ich melke
die Nelke
ich welke

ELKEN

melken
die Nelken
welken

EL-ELL

aktuell
der Appell
das Aquarell
die Bagatell
das Bordell
der Drell
das Duell
eventuell
das Fell
der Flanell
finanziell
formell
das Gebell
gell
generell
der Gesell
das Gestell
grell
hell
das Hotel
ideell
individuell
intellektuell
Isabell
das Kapitel
das Karussel
das Kartell
das Kastell
konventionell
kriminell
das Kuratel
die Mamsell
materiell
das Modell
das Motel
das Naturell
offiziell
originell
das Pastell
der Pedell
potentiell

der Quell
rationell
der Rebell
reell
das Rondell
ich schell
schnell
sensationell
sexuell
das Skalpell
speziell
ich stell
universell
Wilhelm Tell
zeremoniell

ELLCHEN

das Dellchen
den Elchen
ein Fellchen
ein Kapellchen
den Kelchen
das Mamsellchen
selchen
das Wellchen
(dazu ällchen)

ELLE

die Bagatelle
ich belle
die Elle
er erhelle
die Forelle
die Frikadelle
die Gazelle
das Gebelle
der Geselle
das Helle (Bier)
die Helle
der Intellektuelle
das Kapelle
die Kelle
die Lamelle
die Libelle
die Mirabelle
die Novelle
das Originelle
die Parzelle
die Pelle
ich prelle
die Quelle
die Sardelle
die Schelle
die Schnelle
die Schwelle
die Stelle
die Tabelle
die Welle
die Zelle
die Zitadelle

ELLEN

abstellen
anheimstellen
(etwas) anstellen
(jemand) anstellen
(sich) anstellen

aufstellen
bellen
bestellen
entstellen
erhellen
die Forellen
die Gazellen
gellen
gesellen
die Gesellen
herstellen
hinstellen
die Kriminellen
die Lamellen
die Libellen
die Novellen
pellen
prellen
quellen
die Quellen
die Querelen
die Rebellen
schellen
schnellen
schwellen
die Stellen
die Tabellen
unterstellen
verbellen
verstellen
wellen
die Wellen
die Zellen
zerschellen
zustellen

ELLER

der Besteller
der Heller
der Keller
der Muskateller
der Preller
der Propeller
ein reeller
ein schneller
der Teller
der Weichensteller

ELLS-ELS

ein Fels
des Quells
des Rondells
der Wels

ELLT-ELT

angestellt
anheimgestellt
derBelt
er bellt
bestellt
das Entgelt
er erhellt
er gesellt
das Feld
das Geld
gelt
es gellt
geprellt

geschwellt
gesellt
gestellt
gewellt
der Held
das Himmelszelt
die Unterwelt
verprellt
verstellt
die Welt
das Zelt

ELTE

die Entgelte
der Entseelte
er bellte
es gelte
die Schelte
es schwelte
das Verfehlte
ich verhehlte
im Zelte

ELLTEN

die Angestellten
entgelten
gelten
schelten
sie schellten
selten
sie stellten
vergelten
die Welten
zelten

ELTER

die Kelter
ein Geprellter
der Vergelter
der Zelter
(dazu älter)

ELTERN

die Eltern
keltern
den Vergeltern
(dazu ältern)

ELTLICH

unentgeltlich
weltlich
(dazu ältlich)

ELUNG-ELLUNG

die Beseelung
die Bestellung
die Empfehlung
die Entstellung
die Erhellung
die Prellung
die Schwellung
die Stellung
die Verfehlung
die Verstellung
die Zusammenstellung
die Zustellung

ELM

Anselm
der Helm
der Schelm

ELZ

Gott vergelt's
der Pelz
der Schmelz
(dazu älts)

ELZE

die Pelze
die Schmelze
die Schneeschmelze
die Stelze
ich stelze
(dazu älze)

ELZEN

abpelzen
den Pelzen
das Schmelzen
die Stelzen
stelzen
(dazu älzen)

EM-EHM

angenehm
außerdem
bequem
Bethlehem
dem
ein Diadem
ehedem
das Ekzem
ein Emblem
das Extrem
extem
genehm
indem
Jerusalem
der Lehm
nachdem
das Ödem
das Poem
ein Problem
seitdem
ein System

EMA

das Schema
das Thema
das Trema

EMD

fremd
das Hemd

EME

das Angenehme
das Bequeme

Boheme
die Creme
das Extreme
die Feme
ich nehme
die Tantieme
das Vornehme

EMEL

die Memel
der Schemel

EMEN

abnehmen
aufnehmen
das Benehmen
sich bequemen
Bremen
entnehmen
die extremen
hinnehmen
nehmen
den Problemen
die Schemen
die Tantiemen
übernehmen
unternehmen
das Unternehmen
verfemen
vernehmen
das Vernehmen
vornehmen
Yemen

EMER

ein angenehmer
der Arbeitnehmer
ein bequemer
der Unternehmer
ein Vornehmer

EMISCH

akademisch
chemisch
endemisch
epidemisch
polemisch

EMLICH

annehmlich
bequemlich
vernehmlich
vornehmlich

EMME

die Bemme
die Gemme
ich hemme
die Kaschemme
ich klemme
die Klemme
die Memme
ich schlemme
die Schwemme
ich stemme

EMMEL

die Semmel
der Zemmel

EMMEN

die Gemmen
hemmen
klemmen
die Klemmen
die Memmen
schlemmen
schwemmen

EMPE

die Krempe
die Plempe

EMMT

aufgeschwemmt
eingeklemmt
fremd
gehemmt
das Hemd
er schlemmt
verklemmt

EMPEL

das Exempel
das Gerempel
die Krempel
die Stempel
der Tempel

EMPELN

anrempeln
aufkrempeln
den Exempeln
kremplen
stempeln
umkrempeln

EMSE

die Bremse
ich bremse
die Gemse
die Themse

EMSER

der Bremser
der Kremser
(dazu ämser)

EMUNG

die Unternehmung
die Verfemung
die Vernehmung

EMUT

die Demut
die Wehmut

EN-EHN-EEN

das Arsen
Athen
den
endogen
exogen
flehn
fotogen
gehn
geschehn
heterogen
homogen
der Mäzen
das Phänomen
schizophren
stehn
telegen
zehn

IEN

die Aktien
die Akazien
die Bestien
die Ferien
die Folien
die Furien
die Grazien
die Heiligen

END

behend
elend
blend'!
send'!
spend'!
wend'!
(dazu ent)

ENDE

die Agende
ich beende
behende
die Blende
ich blende
die Dividende
das Ende
die Legende
die Lende
ich sende
die Spende
ich verschwende
die Wende

ENDEL

der Lavendel
der Pendel
der Quendel
der Stendel
(dazu ändel)

ENDEN

abwenden
beenden
das Bewenden

bewenden
die Blenden
blenden
die Dividenden
die Enden
enden
die Lenden
die Legenden
die Senden
die Spenden
verenden
vollenden
wenden
(dazu änden)

ENDER

ein behender
der Blender
ein elender
ein horrender
der Kalender
der Sender
der Schlender
ein Sechzehnender
der Spender
der Tender
der Verschwender
der Vollender
(dazu änder)

ENDERN

schlendern
den Sendern
den Verschwendern
(dazu ändern)

ENDIG

auswendig
elendig
lebendig
notwendig
wendig
(dazu ändig)

ENDIGEN

endigen
die Lebendigen
die notwendigen

ENDUNG

die Blendung
die Endung
die Sendung
die Verblendung
die Verschwendung
die Verwendung
die Vollendung
die Wendung

ENE-EHNE

Athene
bene
ich dehne
ich entlehne

Helene
die Hygiene
jene
die Kantilene
die Lehne
ich lehne
die Mäzene
notabene
die Phänomene
der Sarazene
die Sehne
ich sehne
die Sirene
die Szene
die Vene

ENEN

bellehnen
dehnen
denen
entlehnen
jenen
sich sehnen
den Mäzenen
die Fotogenen
die Sirenen
die Szenen

ENER

jener
Nazarener
Zehner
ein schizophrener

ENF

Genf
der Senf

ENG

eng
streng
das Gemeng
ich spreng
(dazu äng)

ENGE

die Enge
das Gemenge
die Menge
ich menge
die Meerenge
die Senge
ich strenge
die Strenge
ich zersprenge
(dazu änge)

ENGEL

der Bengel
die Dengel
ich dengel
der Engel
das Gequengel
ich quengel
der Schlengel

der Schwengel
der Sprengel
der Stengel
(dazu ängel)

ENGELN

dengeln
quengeln
den Engeln
den Stengeln
(dazu ängeln)

ENGEN

anstrengen
beengen
die engen
krengen
mengen
die Mengen
sengen
sprengen (den Stein)
sprengen (begießen)
die strengen
vermengen
versengen
zersprengen
(dazu ängen)

ENGER

enger
strenger
(dazu änger)

ENGLICH(IG)

langstenglig
quenglig
überschwenglich
(dazu änglich)

ENGST

der Hengst
du beengst
du mengst
du strengst
du zersprengst
(dazu ängst)

ENGT

angestrengt
beengt
eingeengt
gesprengt
er mengt
vermengt
versengt
versprengt
(dazu ängt)

ENGUNG

die Anstrengung
die Beengung
die Einengung
die Sprengung
die Vermengung

ENIG

wenig
sehnig
der König

ENK

ich denk
eingedenk
das Gelenk
das Geschenk
ich lenk
der Schenk
schwenk!
ungelenk
das Wehrgehenk
(dazu änk)

ENKBAR

denkbar
lenkbar
versenkbar

ENKE

ich denke
die Gelenke
die Geschenke
das Gesenke
ich lenke
die Schenke
die Senke
(dazu änke)

ENKEL

der Enkel
der Henkel
der Senkel
der Schenkel
der Schwenkel
der Sprenkel
(dazu änkel)

ENKEN

ablenken
abschwenken
ausdenken
die Bedenken
bedenken
beschenken
denken
einrenken
einlenken
einschwenken
henken
hinlenken
lenken
renken
senken
schenken
schlenken
schwenken
verdenken
verschenken
versenken
verrenken
(dazu änken)

ENKER

der Denker
der Henker
der Lenker
der Senker
der Schenker
der Schlenker
der Schwenker
(dazu änker)

ENKERN

schlenkern
den Denkern
(dazu änkern)

ENKLICH(G)

bedenklich
erdenklich
gleichschenklig
sprenklig
unaausdenklich
unbedenklich
(dazu änklich)

ENKT

er denkt
gelenkt
geschenkt
er schenkt
verrenkt
(dazu änkt)

ENKUNG

die Lenkung
die Senkung
die Schenkung
die Schwenkung
die Verrenkung
die Versenkung

ENN

ich brenn
denn
der Gentleman
das Gerenn
ich kenn
ich nenn
der Senn
wenn

ENNBAR

erkennbar
unnennbar
untrennbar
unverbrennbar
unverkennbar

ENNE

die Antenne
das Gerenne
ich brenne
ich flenne
die Henne

ich kenne
ich nenne
ich penne
die Penne
ich renne
die Senne
die Tenne
ich trenne

ENNEN

die Antennen
die Ardennen
bekennen
brennen
entbrennen
erkennen
ernennen
flennen
die Hennen
kennen
nennen
pennen
rennen
das Rennen
trennen
verbrennen
verkennen
verpennen
zertrennen
(dazu ännen)

ENNER

der Brenner
der Kenner
der Trenner

ENNIGE

das Mennige
die Pfennige

ENNTLICH

endlich
erkenntlich
kenntlich
unendlich
unkenntlich
unabwendlich
(dazu ändlich)

ENNTNIS

das Bekenntnis
die Erkenntnis
die Kenntnis
die Unkenntnis
(dazu ändnis)

ENNUNG

die Bekennung
die Benennung
die Erkennung
die Nennung
die Trennung
die Verbrennung
die Verkennung

ENS-ENNS

der Dissens
die Dispens
frühestens
höchstens
immens
der Konsens
Mens
mindestens
der Nonsens
das Pence
ich kenn's

ENSE

die Sense
die Trense

ENST

das Gespenst
du brennst
du flennst
du kennst
du nennst
du pennst
du rennst
du trennst

ENSTER

das Fenster
die Gespenster

ENT-ENNT

der Abiturient
der Abonnent
abstinent
der Advent
der Agent
der Akzent
das Argument
der Aszendent
der Assistent
behend
der Cent
dekadent
der Delinquent
dezent
different
der Dirigent
der Disponent
der Dissident
divergent
das Dokument
das Element
eloquent
eminent
zu End
das Engagement
evident
excellent
existent
das Experiment
der Exponent
das Ferment
das Firmament
er flennt

das Fragment
frequent
das Fundament
getrennt
das Happy End
immaaneent
impertinent
indifferent
indollent
insolvent
der Inspizient
das Instrument
intelligent
er kennt
der Klient
der Koeffizient
kompetent
das Kompliment
der Konkurrent
konfident
konsequent
konsistent
der Konsulent
der Konsument
der Kontinent
das Kontingent
der Kontrahent
konvergent
der Konvent
korpulent
der Korrespondent
latent
das Medikament
der Moment
das Monument

der Okzident
der Opponent
opulent
der Orient
das Ornament
das Parlament
das Patent
patent
der Patient
das Pergament
permanent
das Pigment
das Postament
potent
das Präsent
der Präsident
der Produzent
prominent
das Prozent
der Quotient
der Referent
der Regent
das Regiment
das Reglement
der Remittent
renitent
der Resident
der Reverend
der Rezensent
das Sakrament
das Segment
ich send
solvent
das Sortiment
der Student

der Subskribent
der Superintendent
das Supplement
das Talent
das Temperament
das Testament
das Transparent
transparent
transzendent
der Trend
turbulent
verhement
virulent
ich wend
(dazu ännt)

ENTCHEN

das Entchen
ein Momentchen
Prozentchen
ein Quentchen

ENTE

der abstinente
die Akzente
die Alimente
die Dokumente
Dolce far niente
die Ente
die Elemente
die Fragmente
die Komplimente
latente
die Medikamente
die Momente
die Ornamente
die Parlamente
die Patente
ich pennte
die Pigmente
die Polente
die Rente
die Talente
die Tangente
ich trennte

ENTER

der Sortimenter
die Regimenter
ein patenter

ENTERN

entern
kentern
den Regimentern

ENTNER

der Rentner
der Zentner

ENUNG

die Belehnung
die Dehnung
die Entlehnung

ENZ

die Abstinenz
die Akzidenz
die Assistenz
die Audienz
Bregenz
die Differenz
die Divergenz
die Eminenz
die Essenz
die Evidenz
die Exzellenz
die Existenz
Florenz
die Frequenz
die Impertinenz
die Impotenz
die Indolenz
die Insolvenz
die Intelligenz
die Jurisprudenz
die Kadenz
die Karenz
die Kompetenz
die Kondolenz
die Konferenz
die Konfidenz
die Konsequenz
die Korpulenz
die Korrespondenz
die Kredenz
der Lenz
die Lizenz
die Potenz
die Quintesenz
die Referenz
die Reminiszenz
die Renitenz
die Residenz
die Resistenz
die Reverenz
die Sentenz
die Solvenz
die Tendenz
die Transparenz
die Turbulenz
die Vehemenz
die Virulenz
vollends

ENZE

die Grenze
ich kredenze
ich grenze
ich scharwenze
ich schlenze
(dazu änze)

ENZEN

begrenzen
die Existenzen
die Grenzen
kredenzen
lenzen
die Referenzen
scharwenzen
(dazu änzen)

ENZER

der Grenzer
der Spenzer
(dazu änzer)

ENZUNG

Begrenzung
(dazu änzung)

EP-EPP

Hep! Hep!
der Depp
das Handicap
das Krepp
ich nepp
der Pepp
Sepp
der Stepp
ich stepp

EPPE

ich schleppe
die Schleppe
ich schweppe
die Steppe
die Treppe

EPPEN

die Deppen
kreppen
neppen
schleppen
die Schleppen
steppen
die Treppen

EPPER

das Geschepper
der Kidnapper
der Klepper
der Nepper
der Schlepper
der Schnepper
der stepper

EPPERN

scheppern
den Kleppern
den Schleppern

EPPT-EPT

das Akzept
der Adept
gehandicapt
geneppt
gesteppt
das Konzept
das Rezept
er schleppt
er schweppt
er steppt
(dazu ebt)

EPTISCH

antiseptisch
epileptisch
septisch
skeptisch

ER

der Bändiger
der Fanatiker
der Folterer
der Gläubiger
der Kämmerer
der Prediger
der Herr
das Parterr
das Gezerr

ER-EHR

das Begehr
bisher
einher
er
der
zu Ehr
das Gewehr
das Heer
her
hehr
die Kehr
leer
die Lehr'
sehr
das Meer
mehr
menschenleer
das Neer
nebenher
nimmermehr
quer
der Schmer
schwer
sehr
der Speer
der Ster
der Teer
tränenleer
der Verkehr
der Verzehr
vielmehr
vorher
das Wehr
wer?
die Wiederkehr
woher

ERB

das Adverb
derb
ich erb
der Erwerb
süperb
ich sterb
das Verb
der Verderb
der Wettbewerb
(dazu ärb)

ERBE

das Erbe
der Erbe
ich gerbe
das Gewerbe
der herbe
die Kerbe
die Scherbe
ich sterbe
ich verderbe
ich werbe
(dazu ärbe)

ERBEL

die Hyperbel
der Kerbel
ich verscherbel

ERBEN

bewerben
die Erben
erben
die derben
erwerben
gerben
die herben
die Kerben
die Serben
die Scherben
sterben
verderben
werben

ERBER

einderber
der Gerber
ein herber
der Sperber
der Verderber
der Werber
(dazu ärbrber)

ERBLICH

erblich
gewerblich
sterblich
unsterblich
verderblich
unverderblich

ERBST

der Herbst
du erbst
du gerbst
(dazu ärbst)

ERBT

geerbt
gegerbt
gekerbt
verderbt
ihr sterbt
ihr werbt
(dazu ärbt)

ERBUNG

die Beerbung
die Bewerbung
die Erwerbung
die Kerbung
die Vererbung
die Verderbung
die Werbung
(dazu ärbung)

ERCHEN

die Lerchen
den Pferchen
pferchen

ERD

der Herd
das Pferd
(dazu ert)

ERDA

der da!
wer da?

ERDE

die Beschwerde
die Erde
die Herde
die Pferde
ich werde

ERDEN

die Beschwerden
auf Erden
erden
die Herden
den Pferden
werden
(dazu ärden)

ERE-EERE-EHRE

die Beere
ich begehre
ich beschere
ich beschwere
die Ehre
ich entbehre
die Galeere
die Gewehre
das Gezehre
die Heere
die Karriere
die Kehre
die Konifere
die Misere
ich leere
die Leere
die Meere
die Lehre
ich mehre
die Quere
die Schere
die Schwere
ich wehre

EREN

die Beeren
beehren
begehren
bekehren
bescheren
beschweren
durchqueren
ehren
einkehren
entbehren
entehren
erschweren
kehren
leeren
lehren
mehren
queren
scheren
teeren
überqueren
verehren
verheeren
verkehren
vermehren
verwehren
verzehren
zehren

EREND

belehrend
entehrend
erschwerend
verheerend
verzehrend

ERER-EERER-EHRER

ein Bekehrer
der Briefbeschwerer
der Heimkehrer
ein leerer
ein Lehrer
der Rauchverzehrer
der Straßenkehrer
der Verehrer
der Verzehrer
schwerer

ERF

der Nerv
ich werf

ERFEN

nerven
die Nerven
entwerfen
überwerfen
unterwerfen
werfen

ERFT

die Werft
entnervt
ihr werft

ERG

Bamberg
der Berg
das Werg
ich verberg
der Zwerg

ERGE

ich berge
die Berge
die Herberge
das Latwerge
der Scherge
die Zwerge

ERGEL

der Mergel
der Schmergel
der Spergel

ERGEN

bergen
in den Bergen
die Schergen
verbergen
den Zwergen

ERGISCH

allergisch
energisch

ERIEN

die Arterien
die Bakterien
die Ferien
die Kriterien
die Materien
die Ministerien
die Mysterien
die Serien

ERIG-EERIG-EHRIG

bisherig
gelehrig
nunmehrig
seitherig
teerig

ERISCH

ätherisch
cholerisch
esoterisch
homerisch
hysterisch
numerisch
peripherisch
venerisch

ERK

das Augenmerk
das Feuerwerk
das Liebeswerk

das Meisterwerk
das Tagewerk
der Vermerk
das Werk

ERKE

die Gewerke
ich merke
die Vermerke
die Werke
(dazu ärke)

ERKEL

das Ferkel
der Schmerkel
der Schnörkel

ERKEN

anmerken
bemerken
die Gewerken
merken
vermerken
werken

ERKER

der Berserker
der Erker
der Kerker
der Merker
der Handwerker

ERKUNG

die Anmerkung
die Bemerkung
(dazu ärkung)

ERLE

die Erle
die Perle

ERLE

die Erle
die Perle
die Kerle

ERLICH-EHRLICH

begehrlich
beschwerlich
ehrlich
entbehrlich
schwerlich
unentbehrlich

ERLING-EHRLING

der Sperling
der Lehrling

ERMEN

die Fermen
die Spermen

die Thermen
(dazu ärmen)

ERN-ERRN

Bern
extern
fern
gern
dem Herrn
insofern
intern
inwiefern
der Kern
der Konzern
ich lern
modern
sofern
der Stern
sperr'n
subaltern
wofern
zerr'n etc.

ERNE

ich entferne
ferne
die Ferne
gerne
die Kaserne
die Kerne
die Laterne
ich lerne
das Moderne
die Sterne
die Taverne
die Zisterne

ERNEN

entfernen
entkernen
erlernen
die Fernen
lernen
die Kasernen
kennenlernen
die Laternen
die Modernen
den Sternen
die Tavernen
verlernen
die Zisternen

ERNER

ein Berner
ferner
der Fleckentferner
ein interner
ein moderner
ein subalterner

ERNST

ernst
der Ernst
du entfernst
du lernst

ERNT

besternt
entfernt
entkernt
gelernt
er lernt
verlernt

ERNTE

die Ernte
ich ernte
der entfernte
er lernte
das Gelernte
ich verlernte

ERNTEN

ernten
die Ernten
die Entfernten
sie verlernten

ERNUNG

die Entfernung
die Erlernung

ERO

der Bolero
dero
Nero
der Sombrero
der Torero
Zero

EROLD

Gerold
der Herold

ERR

das Gezerr
der Herr
das Parterr
die UdSSR
ich sperr
ich zerr

ERRE

das Gezerre
das Parterre
ich plerre
ich sperre
die Sperre
ich zerre
(dazu ärre)

ERREN

einsperren
die Herren
plerren
sperren
versperren

verzerren
zerren

ERST

du beschwerst
erst
du leerst
du mehrst
du verheerst
zuerst

ERRT-ERT

er plerrt
er sperrt
gesperrt
das Konzert
verzerrt
er zerrt
(dazu ärrt)

ERT-EERT-EHRT

abgekehrt
ausgeschert
ausgezehrt
beachtenswert
bedauernswert
beehrt
er begehrt
bekehrt
bemerkenswert
beneidenswert
ihr beschert
ihr beschwert
bewundernswert
der Desert
ehrenwert
er ehrt
entehrt
geehrt
geleert
gelehrt
geteert
der Herd
er kehrt
er leert
er lehrt
liebenswert
lobensert
er mehrt
nennenswwert
das Pferd
das Schwert
sehenswert
unversehrt
erehrt
verkehrt
vermehrt
versehrt
er wehrt
der Wert
wissenswert
er zehrt

ERTE

ich ehrte
der Experte

der Gelehrte
die Gerte
die Konzerte
die Offerte
ich sperrte
ich vermehrte
ich versperrte
der Versehrte
im Werte
ich zerrte
(dazu ärte)

ERTEN

die Experten
die gesperrten
die Offerten
sie sperrten
sie zerrten
(dazu ärten)

ERTER

ein begehrter
ein gesperrter
kein nennenswerter
die Schwerter
mein Verehrter
ein Versehrter
ein verzerrter
(dazu ärter)

ERTHEIT

die Begehrtheit
die Gelehrtheit
die Unversehrtheit
die Verkehrtheit

ERTIG(CH)

ehrt' ich
wertig
lehrt' ich
werd' ich
(dazu ärtig)

ERUNG ETC.

die Auszehrung
die Bekehrung
die Belehrung
die Bescherung
die Beschwerung
die Ehrung
die Entbehrung
die Kehrung
die Leerung
die Mehrung
die Wehrung
die Verheerung

ERVEN

die Konserven
die Nerven

ERZ

er begehrt's
das Erz

das Herz
der Kommerz
er lehrt's
der Nerz
der Scherz
der Schmerz
des Schwerts
der Sterz
die Terz
des Werts
(dazu ärz)

ERZE

das Geherze
die Kerze
ich herze
ich scherze
im Scherze
im Schmerze
die Sesterze
ich verscherze
(dazu ärze)

ERZEN

ausmerzen
herzen
zu Herzen
die Kerzen
scherzen
schmerzen
verscherzen
verschmerzen
(dazu ärzen)

ERZLICH

herzlich
schmerzlich
(dazu ärzlich)

ERZT

ausgemerzt
beherzt
verscherzt
verschmerzt
(dazu ärzt)

ES

der Fes
ich gesteh's
des Premiers
ich sehs
des Wehs

Eß

das Abszeß
die Baroneß
des
der Dreß
ich eß
der Expreß
expreß
Exzeß
indes
keß
die Komteß

der Kongreß
ich meß
die Prinzeß
der Prozeß
SOS
wes(sen)

ESCH

fesch
das Gepresch
resch
(dazu äsch)

ESCHE

die Bresche
die Depesche
die Dresche
die Esche
die Kalesche
ich dresche
eine fesche
eine resche
ich presche

ESCHEN

die Breschen
dreschen
die feschen
die Kaleschen
preschen
die reschen
verdreschen

ESCHER

ein Drescher
ein fescher
der Kescher

ESE

die Anamnese
die Antithese
die Askese
der Chinese
die Diözese
die Exegese
ich genese
die Hypothese
die Katechese
ich lese
die Lese
die Marchese
die Paranthese
die Prothese
die Synthese
die These

ESEL

der Esel
der Pesel
Wesel

ESEN

ablesen
auflesen

auserlesen
der Besen
erlesen
kein Federlesen
genesen
gewesen
die Hypothesen
die Lesen
die Spesen
die Tresen
verlesen
verwesen
vorlesen
das Wesen
zusammenlesen

ESER

der Leser
der Verweser
die Weser

ESK

burlesk
pittoresk

ESKE

die Arabeske
die Burleske
die Freske
eine groteske
die Humoreske
das Pittoreske

ESPE

die Espe
die Wespe

ESSE

die Adresse
die Akurratesse
die Baronesse
die Blesse
die Delikatesse
die Esse
ich esse
die Exzesse
die Finesse
die Fresse
ich fresse
der Hesse
das Interesse
eine kesse
die Komtesse
die Kresse
die Mätresse
die Messe
ich messe
die Noblesse
die Presse
ich presse
die Rafinesse
die Tresse
ich vergesse
die Zypresse
(dazu ässe)

ESSEL

die Fessel
der Kessel
die Nessel
der Sessel

ESSELN

einkesseln
entfesseln
fesseln
die Fesseln
den Kesseln

ESSEN

die Adressen
angemessen
besessen
dessen
eingesessen
ermessen
das Ermessen
erpressen
das Essen
essen
das Fressen
fressen
Hessen
indessen
die kessen
die Kompressen
die Messen
messen
die Politessen
die Pressen
pressen
unterdessen
vergessen
vermessen
versessen
wessen?
zerfressen
die Zypressen

ESSER

besser
der Durchmesser
der Erpresser
ein Esser
der Fresser
der Menschenfresser
das Messer
der Presser
der Professor
(dazu ässer)

ESSERN

bessern
den Messern
(dazu ässern)

ESSION

die Kompression
die Konfession
die Profession

die Progression
die Session
die Zession

ESSLICH

unermeßlich
unvergeßlich
verläßlich
(dazu äßlich)

ESSOR

der Aggressor
die Assessor
der Professor

ESSUNG

die Messung
die Pressung
die Vermessung

EST-EßT

der Arrest
der Asbest
das Attest
bibelfest
fest
das Fest
feuerfest
die Geest
gepreßt
der Inzest
kugelfest
das Manifest
modest
das Nest
die Pest
das Podest
der Protest
der Rest
sattelfest
der Test
West
wetterfest

ESTCHEN

das Nestchen
das Restchen
(dazu ästchen)

ESTE

das Beste
die Feste (Festung)
die Feste (feiern)
feste!
die Geste
ich preßte
ich teste
die Weste
die Proteste

ESTEN

die besten
die festen

die Gesten
die Westen

ESTER

bester
mein Bester !
ein fester
Manchester
die Nester
das Orchester
die Schwester
das Semester
zu Silvester
der Südwester
(dazu äster)

ESTERN

die festern
gestern
den Nestern
die Schwestern
den Semestern
(dazu ästern)

ESTIGEN

befestigen
festigen
(dazu ästigen)

ESTIGUNG

die Befestigung
die Festigung
(dazu ästigung)

ESTLICH

festlich
restlich
westlich

ESTRICH(G)

der Estrich
gestrig

ESTUNG

die Festung
die Verpestung

ESUNG

die Genesung
die Lesung
die Verwesung

EHT-ET

das Alphabet
das Amulet
der Analphabet
aufgedreht
das Beet
beredt
das Bret
das Büffet

das Dekret
diskret
das Gebet
der Interpret
der Komet
konkret
der Magnet
der Met
das Paket
das Pamphlet
der Planet
der Poet
der Prolet
der Prophet
seht
das Sekret
das Staket
stet
das Tapet
verdreht
verweht

ETE

die Beete
die roten Beete
ich bete
die Fete
ich flehte
die Gebete
die Karrete
die Kathete
ich knete
die Lamprete
die Lethe
die Muskete
die Pastete
die Rakete
die Tapete
ich trete
die Trompete
ich vertrete
ich wehte

ETEN

die Athleten
beten
betreten
kneten
die Moneten
die Musketen
die Tapeten
treten
die Trompeten

ETER-EHTER

das Barometer
der Beter
der Geometer
der Gezeter
der Katheder
der Kneter
der Katheter
der Kilometer
der Leisetreter
der Meter
der Salpeter
der Struwwelpeter

der Tachometer
das Taxameter
das Thermometer
der Treter
der Trompeter
der Vertreter

ETERN

den Betern
den Trompetern
zetern

ETIK

die Ästhetik
die Apologetik
die Arithmetik
die Athletik
die Diätetik
die Ethik
die Exegetik
die Kosmetik
die Leichtathletik
die Pathetik
die Poetik

ETISCH

alphabetisch
asketisch
ästetisch
athletisch
ethisch
der Fetisch
frenetisch
häretisch
hermetisch
magnetisch
pathetisch
phonetisch
poetisch
prophetisch
theoretisch

ETSCH

die Etsch
das Gefletsch
der Sketsch
das Gequetsch
(dazu ätsch)

ETSCHEN

fletschen
quetschen
die Zwetschen

ETSCHER

der Dolmetscher
der Gletscher
der Quetscher

ETT

adrett
das Amulett
das Bajonett

das Ballet
das Bankett
das Barett
das Bett
das Billett
das Brett
das Brikett
brünett
das Bukett
das Duett
das Etikett
das Falsett
das Fett
fett
das Florett
das Jakett
das Kabarett
das Kabinett
das Kabriolett
der Kadett
das Klosett
kokett
komplett
der Kornett
das Korsett
das Kotelett
das Lazarett
das Menuett
das Minarett
nett
das Omelett
das Parkett
das Quartett
das Quintett
das Sextett
das Skelett
das Sonett
das Spinett
das Stilett
das Tablett
das Terzett
violett
er macht wett
von A bis Z

ETTCHEN

das Bettchen
das Brettchen
das Frettchen
das Stiefelettchen
(dazu ättchen)

ETE-ETTE

die Amorett
die Amulette
die adrette
die Bankette
ich bette
die Brünette
die Chansonette
die Doublette
die Etikette
die Facette
die Gazette
die Grisette
die Kassette
die Kastagnette
die Klarinette

die Kette
die Klette
die Kokette
die Lafette
die Lanzette
die Lorgnette
die Manschette
die Marionette
die Mette
die Motette
eine nette
die Omelette
die Operette
die Pallette
die Pinzette
die Piroouette
die Plakette
ich rette
die Rosette
die Serviette
die Silhouette
die Soubrette
die Staffette
eine Tablette
die Toilette
die Vignette
ich wette
(dazu ätte)

ETTEL

der Bettel
die Vettel
der Zettel
(dazu ättel)

ETTELN

anzetteln
betteln
verzetteln
die Vetteln
den Zetteln
(dazu ätteln)

ETTEN

die adretten
betten
die Betten
einfetten
ketten
die Manschetten
retten
verketten
verwetten
wetten
dazu ätten)

ETTER

die Bretter
das Donnerwetter
das Frühlingswetter
das Gekletter
das Geschmetter
die Letter
das Regenwetter
das Reisewetter
der Retter
der Setter

dr Vetter
das Wetter
(dazu ätter)

ETTERN

bevettern
brettern
den Brettern
klettern
die Lettern
den nettern
den Rettern
schmettern
wettern
zerschmettern

ETTI

das Konfetti
die Spaghetti
der Teddy

ETTO

das Allegretto
das Getto
das Libretto
netto
in petto

ETTUNG

die Bettung
die Rettung
die Verfettung
die Verkettung
(dazu ättung)

ETUNG

die Anbetung
die Vertretung

ETZ

as Gehetz
das Gesetz
ich hetz
das Netz
der Petz
des Balletts
des Parketts
ich setz

ETZE

die Gesetze
die Hetze
die Metze
die Netze
die Petze
(dazu ätzen

ETZEN

abhetzen
benetzen
besetzen
das Entsetzen

sich entsetzen
ersetzen
der Fetzen
hetzen
letzen
die Metzen
netzen
petzen
übersetzen
verhetzen
verletzen
vernetzen
verpetzen
versetzen
wetzen
widersetzen
zerfetzen
zusetzen
(dazu ätzen)

ETZER

der Hetzer
der Ketzer
der Petzer
der Setzer
der Übersetzer
(dazu ätzer)

ETZIG(CH)

jetzig
petz ich
setz ich
(dazu ätzig)

ETZLICH

entsetzlich
gesetzlich
unverletzlich
verletzlich
widersetzlich

ETZT

benetzt
besetzt
entsetzt
gehetzt
gesetzt
jetzt
er petzt
er setzt
verhetzt
verletzt
versetzt
zerfetzt
zuletzt

ETZUNG

die Setzung
die Verhetzung
die Verletzung
die Versetzung
die Zersetzung

E-UM

das Kolosseum
das Lyzeum

das Mausoleum
das Museum
das Odeum
das Tedeum

EU

ahoi
Barsoi
Boy
Cowby
der Efeu
das Heu
der Konvoi
der Leu
das Männertreu
neu
das Pneu
die Scheu
scheu
die Spreu
die Streu
toi-toi-toi!
treu

EUCH

euch
das Gekreuch

EUCHE

dass Gekeuche
ich keuche
die Seuche
ich scheuche
die Schläuche
die Vogelscheuche
(dazu äuche)

EUCHELN

heucheln
meucheln

EUCHEN

aufscheuchen
keuchen
scheuchen
verscheuchen
verseuchen

EUCHT

aufgescheucht
mich deucht
feucht
das Geleucht
er keucht
er kreucht
er scheucht
verscheucht
verseucht

EUCHTE

ich befeuchte
ich feuchte
die Feuchte
ich leuchte

die Leuchte
ich scheuchte
ich verscheuchte

EUCHTEN

anfeuchten
befeuchten
beleuchten
erleuchten
leuchten
die Leuchten
sie keuchten
sie scheuchten
das Wetterleuchten

EUCHTER

ein aufgescheuchter
er Beleuchter
ein feuchter
der Leuchter
ein verseuchter

EUDE

die Freude
ich vergeude
(dazu äude)

EUDEN

vergeuden
die Freuden
(dazu äuden)

EUDER

die Schleuder
der Vergeuder

EUE

ich betreue
ich erfreue
das Neue
aufs neue
die Reue
das scheue
ich spreue
ich streue
die Treue

EUDEL

das Greuel
das Pleuel
(dazu äuel)

EUEN

bereuen
bestreuen
betreuen
einbleuen
erfreuen
freuen
reuen
scheuen
streuen
verbleuen

die Treuen
verstreuen
sich zerstreuen

EUER

das Abenteuer
der Betreuer
euer
das Feuer
geheuer
heuer
die Heuer
ein neuer
die Scheuer
die/das Steuer
der (Salz)Streuer
teuer
ein Treuer
das Ungeheuer
ungeheuer
(dazu äuer)

EUERLICH

abenteuerlich
neuerlich
steuerlich
ungeheuerlich
(dazu äuerlich)

EUERN

anfeuern
anheuern
aussteuern
befeuern
besteuern
beteuern
erneuern
feuern
scheuern
steuern
die Steuern
versteuern
verteuern
(dazu äuern)

EUERT

angeheuert
befeuert
beteuert
erneuert
gescheuert
gesteuert
versteuert
verteuert
(dazu äuert)

EUERUNG

die Besteuerung
die Befeuerung
die Erneuerung
die Feuerung
die Neuerung
die Steuerung
die Teuerung
die Verteuerung

EUG

ich bezeug!
das Zeug

EUGE

die Beuge
ich beuge
ich zeuge
der Zeuge

EUGEN

die Beugen
beugen
bezeugen
überzeugen
verbeugen
die Zeugen
zeugen

EUGT

er beugt
bezeugt
gebeugt
gezeugt
überzeugt
er zeugt

EUGUNG

die Beugung
die Erzeugung
die Überzeugung
die Verbeugung
die Zeugung

EULE

die Eule
die Beule
das Geheule
ich heule
die Keule

EULEN

ausbeulen
beulen
die Beulen
heulen
die Keulen
verbeulen

EULICH

abscheulich
erfreulich
getreulich
greulich
neulich
treulich
(dazu äulich)

EUN

betreun
erfreun

neun
ich streun'

EUND

der Freund
zu neunt
er streunt
(dazu äunt)

EUNE

die Scheune
alle neune
ich streune
(dazu äune)

EUNEN

streunen
zu neunen
die Scheunen

EUNER

der Neuner
der Streuner
der Zigeuner

EURE

ich feure
ich steure
der teure
der ungeheure

EURER

der Abenteurer
der Erneurer
eurer
kein getreurer
teurer
ein ungeheurer

EURIG

eurig
feurig
heurig

EURUNG

die Besteurung
die Teurung

EUS

ich betreu's
die Boys
die Pneus
der Preuß'
ich scheu's
beim Zeus!
(dazu äus)

EUSE

die Reuse
die Schleuse
(dazu äuse)

EUSEN

schleusen
die Geusen
die Reusen
die Schleusen
(dazu äusen)

EUT

bestreut
betreut
bestreut
keinen Deut
erfreut
erneut
heut'
die Leut'
der Pharmazeut
der Therapeut
ungescheut
zerstreut

EUTE

die Beute
ich betreute
ich deute
das Eingebläute
ich erbeute
heute
die Leute
die Meute
ich scheute
(dazu äute)

EUTEL

der Beutel
ich beutel
ich deutel

EUTELN

ausbeuteln
beuteln
deuteln

EUTEN

ausbeuten
deuten
erbeuten
den Leuten
sie streuten
sie scheuten
(dazu äuten)

EUTER

der Deuter
das Euter
der Freibeuter
ein Bayreuther
ein Reuter
ein zerstreuter

EUTIG

heutig
unzweideutig

deut ich
erbeut ich
streut ich

EUTIK

die Hermeneutik
die Pharmazeutik
die Therapeutik

EUTISCH

pharmazeutisch
therapeutisch

EUTUNG

die Bedeutung
die Deutung
die Vorbedeutung

EUUNG

die Betreuung
die Zerstreuung

EUZ

das Kreuz
Deuz

EUZEN

bekreuzen
durchkreuzen
kreuzen
schneuzen
(dazu äuzen)

EVEL – EFEL

der Frevel
der Schwefel

EX

konvex
Lex
Rex
Reflex
ein Klecks
(dazu echs)

EXT

er hext
behext
der Text
er kleckst

EZ

Duodez
der Fez
stets
das Trapez
wie geht's
ihr versteht's

Reimendungen mit dem Anfangs- buchstaben I

DAS I

die Agonie
die Alchemie
die Allegorie
das Alkali
das Alibi
allhie
die Akademie
die Analogie
die Anarchie
die Anatomie
die Anomalie
die Anthologie
die Antinomie
die Apathie
die Apologie
die Aristokratie
die Artillerie
die Astroplogie
die Astronomie
die Ataraxie
die Atrophie
die Autobiographie
die Autokratie
die Autonomie
die Autopsie
die Batterie
die Biographie
die Bibliophilie
die Bigamie
die Bigotterie
die Biographie
die Biologie
die Blasphemie
die Bürokratie
die Bulimie
die Kavallerie
die Zeremonie
die Scharlatanerie
die Chiromantie
die Chirurgie
die Choreographie
die Chronologie
die Chemie
die Kolonie
der Kolibri
die Kompanie
die Kopie
die Koketterie
der Krambambuli
die Demagogie
das Dementi
die Demokratie
die Despotie
die Dichotomie
die Diplomatie
die Draperie
die Drogerie
die Dynastie
die Elegie
die Empirie
die Enzyklopädie
die Energie
die Entelechie
die Epidemie
die Epilepsie
der Esprit
die Ethnographie
die Ethologie

das Etui
die Etymologie
die Eucharistie
die Eudämonie
die Euphonie
die Eurythmie
die Euthanasie
die Fasanerie
die Galanterie
die Galaxie
die Galerie
die Garantie
die Gastronomie
die Gendarmerie
die Genealogie
das Genie
die Geographie
die Geologie
die Geometrie
die Gynäkologie
die Hämatologie
die Häresie
die Harmonie
die Hegemonie
die Hierarchie
die Homöopathie
die Hypochontrie
die Hysterie
die Ideologie
die Idiosynkrasie
die Ikonographie
die Industrie
die Infamie
die Infantrie
die Ironie
die Jalousie
die Kakophonie
die Kalligraphie
die Kategorie
das Knie
die Komödie
die Kosmologie
die Lethargie
die Logis
die Liturgie
die Lotterie
die Magie
die Manie
die Maschinerie
die Melancholie
die Melodie
die Menagerie
die Metallurgie
die Metereologie
die Methodologie
die Mineralogie
die Monarchie
die Monogamie
die Monographie
die Monotonie
die Morphologie
die Mythologie
die Neurologie
die Nostalgie
die Ochlokratie
die Ökologie
die Ökonomie
die Oligarchie
die Onanie
die Ontologie

die Orangerie
die Orgie
die Ornithologie
die Orthodoxie
die Orthographie
die Orthopädie
die Paradoxie
die Parodie
das Paroli
die Partie
die Pathologie
die Patisserie
die Pedanterie
die Perfidie
die Peripherie
die Phantasie
die Phantasmagorie
die Pharmalogie
die Philantropie
die Philologie
die Philosophie
die Phraseologie
die Physiognomie
die Physiologie
die Pikanterie
die Piraterie
die Poesie
die Polygamie
das Potpourrie
die Prophetie
die Prüderie
die Psychologie
die Raffinerie
die Regie
die Phapsodie

er schrie
der Sellerie
sie
Sie
die Simonie
er spie
die Stenographie
die Strategie
die Symmetrie
die Symphatie
die Symphonie
die Szenerie
die Tautologie
die Technologie
die Telegraphie
die Teleologie
die Theokratie
die Theologie
die Theorie
die Theosophie
die Therapie
die Topographie
die Tragikomödie
die Tragödie
die Trilogie
die Typographie
die Typologie
uni
dioe Utopie
das Vieh
er verzieh
vis a vis
wie
die Zeremonie
die Zoologie

IB - YB - IEB

der Betrieb
er blieb
der Dieb
er hieb
der Hieb
lieb
piep
das Prinzip
er rieb
das Sieb
ich schrieb
der Trieb
der Vertrieb
vorlieb

IBE - IEBE

er bliebe
ich beliebe
die Diebe
das Geschriebe
das Getriebe
die Griebe
die Hiebe
die Liebe
die Siebe
ich schiebe
ich triebe

IBEL - IEBEL

die Bibel
disponibel
die Fibel
flexibel
fungibel
der Giebel
kompatibel
penibel
plausibel
sensibel
der Wiebel
die Zwiebel

IBELN - IEBELN

die Bibeln
die Fibeln
die Zwiebeln

IBEN - IEBEN

abgetrieben
nach Belieben
belieben
beschrieben
sie blieben
durchtrieben
eingeschrieben
gerieben
die Grieben
sie hieben
die Lieben
lieben
sieben
die Sieben
schieben
stieben

den Trieben
übertrieben
übriggeblieben
unterschrieben
verlieben
verschieben
verschrieben
vertrieben

IBER - IEBER

der Biber
die Fiber
das Fieber
der Jelängerjelieber
das Kaliber
der Kassiber
ein lieber
der Sieber
der Schieber
der Stieber

IBIG(CH)

beliebig
ergiebig
kiebig
nachgiebig
lieb ich
trieb ich

IBISCH - IEBISCH

adjektivisch
diebisch

IBLICH

betrieblich
lieblich

IBT - IEBT

beliebt
geliebt
verliebt
ihr schriebt
es stiebt

IC - IK - IEK

Aspik
antik
der Domestik
die Fabrik
die Kritik
die Mathematik
das Mosaik
die Musik
die Physik
die Metaphysik
die Replik
die Republik
die Rubrik
die Boutique

ICH

abendlich
abenteuerlich
adelig

ärgerlich
äußerlich
der Bienenstich
bitterlich
der Bogenstrich
brich
brüderlich
bürgerlich
dich
ehelich
eigentlich
elendiglich
der Enterich
erinnerlich
das Estrich
ewiglich
der Fähnrich
feierlich
flehentlich
förderlich
fürchterlich
der Gänserich
der Gedankenstrich
geflissentlich
gelegentlich
geschwisterlich
heimatlich
hinderlich
hoffentlich
ich
innerlich
inniglich
jämmerlich
jugendlich
jungfräulich
kaiserlich
königlich
körperlich
der Knöterich
kümmerlich
lächerlich
lästerlich
lediglich
leserlich
lästerlich
liederlich
meisterlich
mich
monatlich
morgendlich
der Mückenstich
mütterlich
nachbarlich
namentlich
neuerlich
öffentlich
österlich
ordentlich
priesterlich
richterlich
säuberlich
säuerlich
schauerlich
er schlich
sich
sicherlich
sommerlich
sonderlich
der Sonnenstich
der Spatenstich

sprich
versprich
der Stich
er strich
der Strich
der Tatterich
unabänderlich
unerschütterlich
unverbesserlich
untadelig
väterlich
veränderlich
weinerlich
wesentlich
er wich
der Wegerich
widerlich
willentlich
winterlich
wissentlich
der Wüterich
wöchentlich
wunderlich
zimperlich

ICHE

er verbliche
er gliche
die Liederliche
die Schliche
er schliche
er striche
er wiche
das Wesentliche

ICHEL

das Gepichel
das Gestichel
der Michel
die Sichel
der Stichel

ICHELN

picheln
die Sicheln
sicheln
sticheln
stricheln

ICHEN

ausgegliechen
sie blichen
erschlichen
gestrichen
gewichen
sie glichen
sie schlichen
sie umschlichen
verblichen
verehelichen
verglichen
veröffentlichen
verstrichen
verwichen
sie wichen
den Wüterlichen
im wesentlichen

ICHER

das Gekicher
sicher
ein abendlicher
ein königlicher
ein meisterlicher

ICHERN

kichern
sichern
versichern

ICHLEIN

ein Stichlein
ein Strichlein

ICHLER

der Sichler
der Stichler

ICHLING

der Stichling
der Strichling

ICHT

die Absicht
das Amtsgericht
die Ansicht
das Angesicht
die Aufsicht
die Aussicht
der Bericht
er besticht
der Bösewicht
der bricht
das Dämmerlicht
dicht
die Einsicht
erpicht
er ficht
das Gedicht
es gebricht
das Gericht (Judicium)
das Gericht (ferculum)
das Gesicht
das Gewicht
das Gleichgewicht
die Gicht
ihr glicht
der Habicht
das Himmelslicht
die Hinsicht
das Leichtgewicht
das Licht
licht
die Nachricht
die Nachsicht
nicht
das Nicht
erpicht
die Pflicht
das Rampenlicht
die Rücksicht
die Schicht

schlicht
das Schwergewicht
die Sicht
er spricht
er sticht
die Übersicht
der Unterricht
die Umsicht
das Vergißmeinnicht
der Verzicht
die Vorsicht
die Zuversicht
er verspricht
das Weltgericht
ihr wicht
der Wicht
die Zuversicht

ICHTCHEN

ein Gedichtchen
ein Geschichtchen
ein Nichtchen
ein Gesichtchen
ein Wichtchen

ICHTLEIN

ein Gedichtlein
ein Wichtlein

ICHTE

die Anrichte
die Dichte
die Fichte
die Geschichte
die Gesichte
die lichte
die Nichte
ich richte
ich schlichte
ich unterrichte
ich veröffentlichte
ich verzichte
zunichte

ICHTEN

die Absichten
ablichten
abrichten
anrichten
die Anrichten
aufrichten
ausrichten
beipflichten
belichten
berichten
dichten
einrichten
erdichten
entrichten
errichten
die Fichten
herrichten
hinrichten
lichten
mitnichten
die Nichten

vernichten
die Pflichten
richten
zu Grunde richten
sichten
die Schichten
schichten
schlichten
unterrichten
verpflichten
verrichten
verzichten
zurichten

ICHTER

der Berichter
die Bösewichter
dichter
der Dichter
das Gelichter
die Gesichter
lichter
die Lichter
der Richter
der Schlichter
schlichter
der Trichter
der Vernichter

ICHTET

abgedichtet
abgerichtet
gelichtet
gesichtet
er richtet
vernichtet
er verzichtet

ICHTIG

gewichtig
gichtig
durchsichtig
einsichtig
hellsichtig
kurzsichtig
nachsichtig
nichtig
pflichtig
richtig
steuerpflichtig
uneinsichtig
unnachsichtig
vielschichtig
vorsichtig
weitsichtig
wichtig
zahlungspflichtig

ICHTIGEN

benachrichtigen
berichtigen
beschwichtigen
besichtigen
bezichtigen
die nichtigen
die richtigen

ICHTLICH

absichtlich
ersichtlich
gerichtlich
geschichtlich
hinsichtlich
nachrichtlich
sichtlich
unterrichtlich
übersichtlich
voraussichtlich
zuversichtlich

ICHTS

angesichts
der Habenichts
des Lichts
nichts
er spricht's
der Taugenichts

ICHTUNG

die Belichtung
die Dichtung
die Lichtung
die Einrichtung
die Errichtung
die Hinrichtung
die Richtung
die Schichtung
die Schlichtung
die Unterrichtung
die Sichtung
die Verdichtung
die Vernichtung
die Verpflichtung
die Verrichtung
die Vorrichtung
die Zurichtung

ICIER

der Patricier

ICK

der Anblick
der Augenblick
der Ausblick
der Blick
der Bolschewick
die Brigg
der Chic
dick
der Fick
ich flick
das Genick
das Geschick
die Gig
der Knick
da Mißgeschick
quick
schick
der Schlick
der Strick
der Tick
der Trick

ICKE

die Blicke
die Clique
die Dicke
die Ricke
eine schicke
die Stricke
die Wicke
die Zicke

ICKEL - IKEL

der Artikel
das Karnikel
die Matrikel
der Nickel
die Partikel
der Perpendikel
der Pickel
der Wickel
das Vehikel
der Zwickel

ICKELN - IKELN

entwickeln
prickeln
vernickeln
verwickeln

ICKEN

beschicken
blicken
die dicken
erblicken
erquicken
ersticken
ficken
flicken
die Katholiken
klicken
knicken
nicken
picken
schicken
schnicken
spicken
sticken
stricken
ticken
umstricken
verdicken
verquicken
verschicken
die Zicken
zwicken

ICKEND

bestrickend
erquickend
erstickend

ICKER

der Beschicker
ein Dicker
der Kesselflicker

der Kicker
der Klicker
ein Nigger
der Spicker
der Sticker
der Stricker
der Zwicker

ICKERN

durchsickern
knickern
schlickern
sickern
den Zwickern

ICKERT

durchgesickert
vermickert
versickert
es sickert

ICKIG

schlickig
stickig

ICKLICH

augenblicklich
dicklich
erquicklich
schicklich
unerquicklich

ICKLUNG

die Wicklung
die Verwicklung

ICKRIG

knickrig
mickrig

ICKS

des Blicks
fix
des Geschicks
der Knicks
das Kruzifix
der Nix
nix
die Wichs

ICKSE

der fixe
die Nixe
die Knickse
ich knickse
ich mixe
die Schickse
die Wichse

ICKSEN

knicksen
mixen

die Schicksen
verwichsen

ICKT - ICT - IKT

bespickt
ein Delikt
der Distrikt
das Edikt
erquickt
geknickt
gespickt
das Interdikt
der Konflikt
das Konvikt
er nickt
das Relikt
strikt
es tickt
verdickt
das Verdikt
verzwickt

ICKTER - IKTER

ein erblickter
ein geflickter
ein verzwickter
ein strikter

ICKUNG

die Beschickung
die Erquickung
die Erstickung
die Knickung
die Schickung
die Verdickung
die Verschickung
die Verschlickung
die Verstrickung

ID - IED

frigid
liquid
das Oxyd
perfid
rapid
rigid
solid
stupid
ein Suizid
der Abschied
das Augenlid
das Glied
das Mitglied
das Lied
ich mied
das Ried
der Schmied
der Unterschied
er verschied

IDE - IEDE

die Ägide
der Friede
ich befriede
der Druide

das Getide
die Hybride
der Invalide
die Nerreide
perfide
die Pyramide
ich schmiede
die Schmiede
ich siede
eine solide
stupide

IDEL-IEDEL

Einsiedel
die Fiedel
das Liedel

IDELN - IEDELN

besiedelbn
fiedeln
die Fiedeln
siedeln

IDEN - IEDEN

befrieden
sie beschieden
danieden
die Druiden
entschieden
der Frieden
die frigiden
geschieden
hienieden
die Invaliden
sie mieden
die Pyramiden
sie schieden
sie schmieden
sieden
unentschieden
unzufrieden
verschieden sein
verabschieden
sie verschieden
die Schmieden
schmieden
zufrieden

IDER - IEDER - YDER

bieder
danieder
das Gefieder
der Flieder
die Glieder
hernieder
die Lider
die Lieder
das Mieder
nieder
die Seifensieder
ein Sieder
ein solider
wieder
wider
das Für und Wider
zuwider

IEDERLICH

liederlich
widerlich

IEDERN

anbiedern
angliedern
anwidern
eingliedern
erwidern
gliedern
den Gliedern
den Liedern
den Lidern
den solidern
zergliedern

IDERT

angewidert
gefiedert
gegliedert
er erwidert
er gliedert
zergliedert

IEDERUNG

die Anbiederung
die Erwiderung
die Gliederung
die Niederung
die Zergliederung

IDES - IEDES

bona fides
ein frigides
ein perfides

IDRIG - IEDRICH

gliedrig
niedrig
regelwwidrig
sittenwidrig
widrig

IDUNG - IEDUNG

die Siedung
die Schmiedung

IEDEL

die Fiedel
das Liedel

IEDELN

fiedeln
siedeln
ansiedeln

IEDLER

der Einsiedler
der Fiedler
der Siedler

IEDLICH

friedlich
niedlich
schiedlich
unterschiedlich

IEDLUNG

die Siedlung

IE

die Knie
ich knie
ich schrie
ich spie

IEN

knieen
verschrieen
sie schrieen
sie spieen

IEF - IF - IPH - IV

aggressiv
dein Adjektiv
er Akkusativ
der Aperitif
aktiv
der Aperitif
apokryph
das Archiv
der Brief
er berief
der Dativ
defensiv
definitiv
demonstrativ
der Detektiv
der Digestif
effektiv
excessiv
exklusiv
expansiv
exclusiv
expansiv
expressiv
extensiv
förderativ
der Genitiv
Hieroglyph
der Imperativ
impulsiv
inklusiv
der Infinitiv
instruktiv
intensiv
intuitiv
der Kalif
das Kollektiv
der Komparativ
der Konjunktiv
kumulativ
kursiv
laszív
legislativ
er lief

lukrativ
massiv
der Mief
das Motiv
naiv
negativ
das Negativ
der Nominativ
normativ
objektiv
das Objektiv
offensiv
das Palliativ
passiv
positiv
das Positiv
das Präservativ
primitiv
produktiv
progressiv
qualitativ
quantitativ
relativ
rezeptiv
ein Rezitativ
regressiv
ein Regulativ
relativ
repräsentativ
repressiv
er rief
das Rost-beef
schief
er schlief
sedativ
sensitiv
spekulativ
ein Stativ
das Substantiv
der Superlativ
der Tarif
das Tief
tief
transitiv
es verlief

IEFE - IVE

die Hieroglyphe
die Initiative
ich liefe
die Negative
die Olive
die Perspektive
ich riefe
die Riefe
das Schiefe
ich schliefe
die Tarife
die Tiefe

IEFEL

der Stiefel

IEFEN - IVEN

sie beriefen
in Briefen
die Initiativen

sie liefen
sie miefen
die Negativen
die Oliven
die Perspektiven
sie riefen
die schiefen
sie schliefen
die Tiefen
triefen
verbriefen
vermiefen
vertiefen

IEFER

die Kiefer
der Kiefer
der Schiefer
schiefer
der Schliefer
tiefer
das Ungeziefer

IEFERN

den Kiefern
liefern
überliefern
schiefern

IEFUNG

die Verbriefung
die Vertiefung

IEG

flieg!
der Krieg
ich lieg
sieg!
der Sieg
er schwieg
er stieg
der Stieg

IEGE

die Biege
die Fliege
die Intrige
die Kriege
ich liege
die Riege
die Siege
ich schwiege
die Stiege
die Wiege
die Ziege

IEGEL

ein Eulenspiegel
der Igel
der Riegel
das Siegel
der Spiegel
der Striegel
der Tiegel
der Ziegel

IEGELN

aufwiegeln
abriegeln
besiegeln
entriegeln
entsiegeln
den Igeln
schurigeln
schweinigeln
siegeln
spiegeln
striegeln
verriegeln
versiegeln
widerspiegeln
ziegeln

IEGELT

aufgewiegelt
besiegelt
geschniegelt
gestriegelt
er spiegelt
verriegelt

IEGEN

das Anliegen
anschmiegen
bekriegen
besiegen
bestiegen
biegen
erstiegen
die Fliegen
fliegen
gediegen
die Intrigen
kriegen
den Kriegen
liegen
siegen
schmiegen
schwiegen
die Stiegen
unterliegen
verschwiegen
versiegen
verstiegen
vorliegen
wiegen (mit der Wiege)
wiegen (mit der Waage)

IEGER

der Anlieger
der Flieger
der Krieger
der Sieger
der Schwieger
der Tiger

IEGLUNG

die Verrieglung
die Versieglung
die Vorspieglung
die Aufwieglung

IEGSAM

biegsam
schmiegsam

IEGTER

ein bekriegter
ein besiegter
ein versiegter

IEGUNG

die Biegung
die Besiegung

IEHE

es gediehe
ich fliehe
ich kniee
es liehe
siehe!
ich ziehe

IEHEN

abziehen
beziehen
die Demokratien
entziehen
sie fliehen
sie gediehen
die Harmonien
knieen
sie liehen
sie schrieen
vollziehen
sie ziehen

IEHER

der Bezieher
der Drahtzieher
der Erzieher
der Gerichtsvollzieher
das Gewieher
der Korkenzieher
der Schraubenzieher
der Vollzieher

IEHERN

den Beziehern
den Erziehern
wiehern

IEHUNG

die Ziehung
die Erziehung

IEKE

die Antike
die Budike
die Pike
ich pieke
ich quieke
schnieke

IEL

agil
das Automobil
das Asyl
bibliophil
die Brasil
diffizil
das Domizil
das Exil
der Federkiel
er fiel
das Fossil
fragil
er gefiel
grazil
infatil
der Jugendstil
der Kiel
das Konzil
das Krokodil
labil
merkantil
das Mienenspiel
mobil
das Profil
das Priel
das Reptil
das Seal
senil
servil
der Sex Appeal
skurril
soviel
das Spiel
stabil
steril
der Stiel
der Stil
subtil
das Trauerspiel
das Ventil
viel
viril
wieviel
das Ziel
zivil
zuviel

IELE

die Diele
er fiele
das fossile
er gefiele
der Gespiele
die Profile
die Schwiele
die Siele
die Stiele
die Stile
die Ventile
viele
am Ziele
das zivile

IELEN

den Automobilen
die Dielen

sie entfielen
sie erzielen
sie fielen
sie gefielen
die Gespielen
schielen
die Schwielen
sielen
in den Sielen
spielen
schauspielen
sie verfielen
die vielen
sie zerfielen
zielen

IELER

der Schieler
der Spieler
ein subtiler
vieler
ein ziviler

IELT

er behielt
ihr fielt
gedealt
gespielt
gestielt
gezielt
er hielt
er stiehlt
verspielt

IEM

anonym
die Cherubim
ihm
intim
legitim
maritim
der Pfriem
der Priem
die Prim
pseudonym
das Regime
Seraphim
synonym
sublim
das Team

IEME

das Intime
die Kieme
das legitime
die Maxime
der Mime
die Pantomime
ich prieme
die Prime
die Strieme

IEMEN

geziemen
die Intimen
das Hymen

die Kiemen
die Mimen
die Pfriemen
priemen
die Riemen
die Striemen
die sublimen
ziemen

IEMER

der Riemer
ein intimer
ein legitimer
der Steamer
der Ochenziemer
ein sublimer
der Ziemer

IEN - IEHN - IN

alpin
Aquamarin
der Baldachin
der Delphin
DIN
die Disziplin
die Doktrin
fliehn
gediehn
geliehn
genuin
der Harlekin
die Harmonien
der Hermelin
ihn
das Insulin
der Jasmin
der Kamin
das Karmin
der Kien
das Magazin
der Mandarin
die Medizin
die Melodien
das Nikotin
die Offizin
der Paladin
das Pepsin
das Philanthrophin
der Pinguin
das Platin
der Rosmarin
der Rubin
der Ruin
das Sacharin
es schien
sie spien
der Spleen
das Stearin
das Strychnin
submarin
das Tamburin
der Termin
der Terpentin
das Turmalin
das Ultramarin
der Urin
verschrien
ziehn

IENCHEN

das Bienchen
das Cousinchen
das Kaninchen
ein Magazinchen
ein Sabinchen
ein Schienchen
ein Violinchen

IENE

die Apfelsine
die Balsamine
der Beduine
die Biene
die Blondine
die Delphine
ich diene
die Draisine
die Gardine
die Gelatine
die Kabine
die Kantine
die Konkubine
die Krinoline
die Latrine
die Lawine
die Lupine
die Magazine
die Mandarine
die Mandoline
die Margarine
die Marine
die Maschine
die Melusine
die Miene
die Mine
die Nektarine
die Pantine
die Pelerine
die Platine
die Rosine
die Routine
die Ruine
die Saline
die Sardine
es schiene (konj.)
ich schiene
die Schiene
die Serpentine
die Termine
die Terrine
die Terzine
die Turbine
die Undine
die Violine
die Vitrine
die Zechine

IENEN

die Apfelsinen
den Balsaminen
bedienen
den Beduinen
den Blondinen
beschienen
die Bienen
die Cousinen

dienen
die Gardinen
grienen
die Guillotinen
ihnen
die Lawinen
die Lupinen
die Mienen
die Minen
die Mandolinen
die Maschinen
die Rosinen
die Ruinen
die Terrinen
sie schienen
schienen
verdienen
verminen

IENER

der Augustiner
der Benediktiner
der Berliner
der Bernhardiner
der Diener
der Florentiner
der Jakobiner
der Kapuziner
der Karabiner
der Mediziner
der Rabbiner
ein Schlawiner
der Verdiener
ein verschriener

IENLICH

dienlich
terminlich

IENST

der Dienst
du erschienst
die grienst
du schienst
der/das Verdienst

IENT

er bedient
er dient
geschient
er grient
er schient
ihr schient
verdient
vermimt

IEP

das Patizip
der Polyp
das Prinzip
der Prototyp

IEPE

ich fiepe
das Gefiepe

das Gepiepe
das Geziepe
die Kiepe
die Piepe
piepe (gleichgültig)
eine stereotype
die Type

IEPEN

die Kiepen
piepen
die Typen

IEPER

der Pieper
die Viper
ein stereotyper

IER

allhier
der Barbier
das Brevier
die Begier
das Bier
dir
das Elixier
der Fakir
das Furnier
ich frankier
ich frier
der Füselier
das Geschmier
das Getier
das Gezier
die Gier
der Grenadier
hier
ihr
der Juwelier
der Kanonier
der Kassier
der Kavalier
das Klavier
das Klistier
der Kürassier
der Kurier
die Manier
mir
der Musketier
der Offizier
das Panier
das Papier
der Passagier
die Pier
der Pionier
das Pläsier
der Polier
der Porphyr
das Quartier
das Rapier
das Rentier
das Revier
der Saphir
das Scharnier
schier
das Skapulier
das Souvenier

das Spalier
der Stier
das Tier
das Turnier
der Vampir
vier
das Visier
wir
die Zier

IERCHEN

das Bierchen
das Barbierchen
das Kavalierchen
das Klavierchen
das Papierchen
das Pläsierchen
das Tierchen

IERDE

die Begierde
die Zierde

IERE

die Biere
die Barbiere
die Breviere
die Elixiere
die Fakire
ihre
die Kavaliere
die Klaviere
die Klistiere
die Kuriere
ich marschiere
die Miere
die Musketiere
die Niere
die Offiziere
die Paniere
die Papiere
die Passagiere
die Quartiere
die Rapiere
die Reviere
die Satire
die Scharniere
die Schmiere
die Spaliere
die Spiere
die Stiere
ich stiere
die Tiere
die Vampire
ich verliere
ich ziere

IEREN

abonnieren
absolvieren
absssorbieren
abstrahieren
adoptieren
adressieren
agieren
agitieren

akklimatisieren
akzeptieren
alarmieren
aquirieren
alternieren
amputieren
amüsiren
animieren
annektieren
annullieren
appellieren
applaudieren
apportieren
argumentieren
arrangieren
arretieren
assistieren
assoziieren
attakieren
ausstaffieren
autorisieren
avancieren
balsamieren
blamieren
blockieren
bombardieren
botanisieren
brillieren
brüskieren
buchstabieren
bugsieren
charakterisieren
chiffrieren
datieren
debattieren
definieren
deduzieren
defilieren
degradieren
deklamieren
deklarieren
deklassieren
deklinieren
dekorieren
dekreditieren
dementieren
demittieren
demokratisieren
demolieren
demonstrieren
denunzieren
deponieren
deportieren
desavouieren
deserttieren
dezimieren
diffamieren
diktieren
dirigieren
diskutieren
dispensieren
disponieren
disputieren
dividieren
dokumentieren
dominieren
dotieren
dozieren
dramatisieren
drangsalieren

drapieren
dressieren
duellieren
einquartieren
elektrisieren
eliminieren
emaillieren
emanzipieren
emigrieren
emittieren
engagieren
erigieren
eruieren
etablieren
evakuieren
exaltieren
examinieren
existieren
expidieren
experimentieren
explodieren
exportieren
fabrizieren
fabulieren
figurieren
filtrieren
fingieren
fixieren
florieren
forcieren
formulieren
fotografieren
frieren
fungieren
funktionieren
galoppieren
garantieren
garnieren
gastieren
genieren
gestikulieren
gieren
glossieren
grassieren
gratulieren
grupieren
halbieren
hantieren
hausieren
honorieren
hypnotisieren
identifizieren
illuminieren
imponieren
importieren
infizieren
informieren
inserieren
inspirieren
instruieren
inszeniereen
interessieren
internieren
interpellieren
interpretieren
intervenieren
intonieren
irritieren
jonglieren
jubilieren

justieren
kalkulieren
kampieren
kandidieren
kapieren
kapitulieren
kaprizieren
karikieren
kassieren
klassifizieren
kollidieren
kolorieren
kolportieren
kombinieren
kommandieren
kommentieren
kommunizieren
kompensieren
komplizieren
komponieren
kondolieren
konfirmieren
konfrontieren
konkurrieren
konservieren
konsolidieren
konstatieren
konstruieren
konsumieren
konzentrieren
konzertieren
konzipieren
kooperieren
kopieren
korrespondieren
korrigieren
krepieren
kritisieren
kulminieren
kultivieren
kurieren
laborieren
lackieren
lamentieren
lavieren
legieren
liieren
liquidieren
logieren
die Manieren
manifestieren
manipulieren
manövrieren
marinieren
markieren
maschieren
maskieren
massieren
memorieren
menstruieren
mobilisieren
möblieren
modellieren
moderieren
modernisieren
modifizieren
modulieren
monieren
moralisieren
motivieren

multiplizieren
musizieren
nationalisieren
negieren
die Nieren
neutralisieren
nivellieren
normieren
notieren
nummerieren
obduzieren
okkupieren
oktroyieren
operieren
opponieren
organisieren
orientieren
oszillieren
papieren
parfümieren
parieren
parodieren
partizipieren
passieren
patrouillieren
pausieren
pensionieeren
phantasieren
philosophieren
photokopieren
pikieren
planieren
plazieren
plombieren
polemisieren
popularisieren
postulieren
polieren
präparieren
präsentieren
praktizieren
probieren
prognostizieren
profitieren
projektieren
projizieren
proklamieren
prominieren
propagieren
protestieren
protokollieren
provozieren
prozessieren
publizieren
pulsieren
punktieren
qualifizieren
quittieren
quotieren
radieren
rangieren
rasieren
reagieren
realissieren
rebellieren
redigieren
reduzieren
referieren
reflektieren
regieren

registrieren
regulieren
rekapitulieren
reklamieren
rekrutieren
renommieren
renovieren
rentieren
reparieren
repräsentieren
requirieren
residieren
restaurieren
resümieren
retuschieren
revidieren
revoltieren
rezensieren
rezitieren
riskieren
rivalisieren
ruinieren
sabotieren
salutieren
sanieren
die Sartiren
schikanieren
schmieren
schnabulieren
schockieren
schwadronieren
sekundieren
separieren
servieren
sezieren
signieren
simulieren
skalpieren
skizzieren
sondieren
sortieren
soufflieren
soupieren
spazieren
spekulieren
spendieren
spintisieren
spionieren
stagnieren
statuieren
stieren
stigmatisieren
stimulieren
stolzieren
strapazieren
studieren
sublimieren
subsumieren
subtrahieren
suggerieren
summieren
sympathisieren
synchonisieren
tätowieren
taxieren
temperieren
tendieren
terminieren
terrorisieren
titulieren

tolerieren
toupieren
transferieren
transpirieren
transponieren
transportieren
trassieren
triumphieren
unterminieren
vagabundieren
vegetieren
verklausulieren
ventilieren
verbalisieren
verifizieren
verlieren
verzieren
zu Vieren
auf allen vieren
visieren
votieren
wattieren
zedieren
zensieren
zentralisieren
zieren
zitieren
zivilisieren

IEREND

alarmierend
balancierend
dominierend
existierend
imponierend
regierend

IERER

der Hausierer
der Kassierer
der Lackierer
der Polierer
der Schmierer
der Sektierer
der Tapezierer
der Verlierer
der Vierer

IERIG

begierig
gierig
schlierig
schmierig
schwierig
wißbegierig

IERISCH

empirisch
lyrisch
satirisch
tierisch

IERLICH

begierlich
genierlich

manierlich
kontinuierlich
possierlich
reputierlich
respektierlich
zierlich

IERLING

der Schierling
der Vierling

IERT

affektiert
alliiert
arriviert
autorisiert
blamiert
borniert
disponirt
dressiert
exaltiert
er diktiert
fingiert
er friert
fundiert
garantiert
sie gebiert
wie geschmiert
das Geviert
geziert
illustriert
isoliert
koloriert
kompliziert
konsterniert
kultiviert
lädiert
mariniert
möbliert
passioniert
pensioniert
pikiert
raffiniert
ramponiert
er regiert
renommiert
routiniert
saniert
er schmiert
er spaziert
er stiert
er studiert
ungeniert
unmotiviert
er verliert
versiert
er ziert

IERUNG

die Beschmierung
die Einquartierung
die Einstudierung
die Evakuierung
die Formulierung
die Frankierung
die Garnierung
die Hantierung

die Isolierung
die Konservierung
die Lackierung
die Legierung
die Liquidierung
die Markierung
die Mobilisierung
die Motivierung
die Negierung
die Notierung
die Radierung
die Regierung
die Renovierung
die Sanierung
die Schattierung
die Tätowierung
die Verzierung

IES

das Anis
das Avis
ich bewies
er blies
dies
fies
der Fries
des Genies
der Grieß
er hieß
der Kies
des Knies
lies!
er ließ
mies
das Paradies
er pries
der Service
der Spieß
er stieß
das Verließ
das Vlies
er wies

IESCHEN

das Paradieschen
das Radieschen
das Spießchen
das Wieschen

IESE

die Biese
er bliese
die Devise
diese
die Fliese
ich fließe
der Friese
ich genieße
die Kiese
die Krise
er ließe
die Markise
die Marquise
ich niese
die Paradiese
die Prise
die Remise

der Riese
ich schieße
am Spieße
die Verliese
die Wiese

IESEL

der Diesel
das Geriesel
der Kiesel
das Liesel
das Wiesel

IESELN

grieseln
kriseln
rieseln
den Kieseln
den Wieseln

IESEN-IESSEN

die Akzisen
die Analysen
abschließen
anschließen
aufschließen
aufspießen
ausschließen
die Avisen
ausschließen
begießen
beschließen
sie bewiesen
sie bliesen
das Blutvergießen
diesen
die Devisen
entschließen
entsprießen
ergießen
erschließen
erkiesen
fließen
genießen
gepriesen
gießen
sie hießen
kiesen
die Krisen
sie ließen
die miesen
niesen
die Policen
sie priesen
die Prisen
die Riesen
schießen
das Scheibenschießen
das Schießen
schließen
spießen
sprießen
sie wiesen
verdrießen
verfließen
vergießen
verhießen

verließen
verschießen
verschließen
die Wiesen

IESER

der Beschließer
dieser
der Genießer
der Gießer
der Kannengießer
der Logenschließer
der Schießer
der Schließer
der Spießer
der Türenschließer

IESIG

diesig
hiesig
riesig
spießig

IESISCH

paradiesisch
physisch

IESLICH

schließlich
ersprießlich
verdrießlich

IEST

das Biest
ihr bewiest
ihr bliest
es fließt
er schießt
es verdrießt

IESTER

die Biester
der Priester
ein gespießter

IESUNG

die Beschießung
die Eheschließung
die Entschließung
die Ergießung
die Nutznießung
die Schließung

IET

das Abendlied
der Appetit
der Aquavit
der Bandit
der Biskuit
der Debit
der Dolomit
das Dynamit
der Eremit

der Favorit
er flieht
das Gebiet
es geschieht
das Glied
der Granit
der Habit
der Jesuit
das Kolorit
der Kosmopolit
der Kredit
das Lid
das Liebeslied
das Lied
ich mied
morbid
das Morgenlied
der Parsit
perfid
der Profit
der Ränkeschmied
das Requisit
das Ried
der Satellit
der Schiet
der Schmied
der Semit
er sieht
solid
splendid
der Störenfried
stupid
à la suite
der Unterschied
er verriet
der Zenit
er zieht

IETE

Aphrodite
ich biete
die Elite
die Gebiete
die Miete
ich miete
die Niete
die Profite
er riete
die Suite
die Termite
die Visite

IETEN

das Anerbieten
bieten
brieten
erbieten
gebieten
gerieten
die Jesuiten
sie knieten
mieten
die Mieten
die Nieten
sie rieten
die Riten
überbieten
unterbieten

verbieten
vermieten
sie verrieten
die Visiten

IETER

der Bieter
der Gebieter
ein Liter
der Mieter
der Samariter
der Untermieter
der Vermieter

IETLICH

appetitlich
profitlich

IETUNG

die Darbietung
die Ehrerbietung
die Vermietung
die Vernietung

IEZ

der Kiez
das Benefiz
das Hospiz
die Justiz
die Miliz
die Notiz

IEZE

die Mieze
der Mestize
die Novize

IEZEN

die Komplizen
die Miezen
die Notizen
die Novizen
siezen
stibizen
triezen

IFF

der Begriff
er griff
der Griff
der Inbegriff
der Kniff
der Pfiff
er pfiff
das Riff
das Schiff
der Schliff
der Übergriff

IFFE

die Griffe
die Kniffe
die Riffe

die Schiffe
ich schiffe
er schliffe

IFFEL

der Griffel
die Riffel

IFFEN

abgegriffen
angegriffen
sie ergriffen
geschliffen
sie griffen
inbegriffen
sie kniffen
sie pfiffen
den Riffen
schiffen
ungeschliffen
verkniffen

IFFER

die Chiffer
der Schiffer
die Ziffer

IFFERN

beziffern
die Chiffern
entziffern
den Schiffern
die Ziffern

IFFIG

griffig
pfiffig
schliffig

IFFLICH

begrifflich
knifflich

IFFT

die Drift
das Gift
ihr grifft
der Lift
die Klageschrift
die Mitgift
die Schrift
der Stift
die Überschrift
die Unterschrift
die Vorschrift
die Werbeschrift
er trifft
die Trift

IFFTEN

anstiften
beschriften

entgiften
sich giften
die Schriften
stiften
die Triften
vergiften

IFTIG

giftig
triftig

IFTUNG

die Beschriftung
die Stiftung
die Vergiftung

IG

adlig
bettlägerig
blätterig
buckelig
eifrig
eklig
faserig
flügelig
gleichaltrig
gleichschenklig
gliederig
grobfaserig
heurig
holprig
hügelig
hungrig
kitzlig
klebrig
knauserig
knickerig
knorpelig
kugelig
löchrig
modrig
neblig
pulvrig
runzlig
schauerig
schimmelig
schlabbrig
schläfrig
schlottrig
schluderig
schlüpfrig
schmudlig
schnäbelig
schofelig
schrumplig
schultrig
schwabbelig
schweflig
schwindelig
silberig
stachlig
tadelig
übrig
wacklig
wässrig
winklig
würfelig

zottelig
zuckrig

IGA

die Liga
die Quadriga

IGMA

das Paradigma
das Stigma

IGMEN

die Paradigmen
die Stigmen

IK

antik
das Aspik
die Fabrik
die Kritik
die Mathematik
das Mosaik
die Musik
die Physik
das Pik
die Politik
publik
die Replik
die Republik
die Rubrik
das Teak

IKEL

der Artikel
das Aurikel
die Matrikel
das Partikel
der Perpentikel
das Vehikel

ILBE

die Milbe
die Silbe

ILBEN

vergilben
die Milben
die Silben

ILBERN

silbern
versilbern

ILBIG

milbig
silbig

ILD

das Bild
mild
der/das Schild

wild
das Wild
(dazu ilt)

ILDCHEN

ein Bildchen
ein Schildchen

ILDE

im Bilde
das Gebilde
das/die Gefilde
die Gilde
die Milde
milde
im Schilde
der Wilde

ILDEN

bilden
einbilden
den Gebilden
die Gilden
die milden
den Schilden
die Unbilden
die Wilden

ILDER

die Bilder
ein milder
die Schilder
ein Wilder

ILDERN

bebildern
den Bildern
mildern
schildern
verwildern
wildern

ILDERUNG

die Bebilderung
die Milderung
die Schilderung
die Verwilderung

ILDNIS

das Bildnis
die Wildnis

ILDUNG

die Ausbildung
die Bildung
die Einbildung
die Mißbildung

ILF

hilf!
das Schilf

ILFE

die Hilfe
im Schilfe

ILGE

die Bilge
die Silge
(die Flottille
die Quadrille
die Vanille)

ILGEN

die Bilgen
tilgen

ILGER

der Pilger
der Tilger

ILIE

die Familie
die Lilie
die Petersilie
die Vigilie

ILIEN

die Domizilien
die Familien
die Fossilien
die Immobilien
die Konzilien
die Lilien
die Reptilien
die Textilien
die Utensilien
die Vigilien

ILL - IL

der April
Bill
der Beryll
der Dill
der Drill
der Grill
das Idyll
das Krokodil
schrill
das Spill
still
die Unbill
ich will

ILLA

der Gorilla
die Kamarilla
die Villa

ILLCHEN

ein Brillchen
ein Grillchen
ein Pillchen

ILLE

die Brille
die Destille
ich drille
ich grille
die Grille
die Idylle
die Kamille
die Krokille
die Marille
die Pille
die Pastille
die Postille
die Promille
die Pupille
die Rille
die Stille
der Widerwille
der Wille
die Zille

ILLE

die Flottille
die Mantille
die Quadrille
die Vanille

ILLEN

die Bazillen
drillen
grillen
die Grillen
die Idyllen
killen
die Marillen
die Pillen
die Pastillen
die Postillen
die Pupillen
quillen
die Rillen
rillen
schrillen
stillen
die Villen
der Willen
die Zillen

ILLER

der Killer
ein schriller
ein stiller
der Thriller
ein Triller

ILLERN

schillern
trillern

ILLIG(CH)

billig
der Drillich
eigenwillig
freiwillig

grillig
freiwillig
mutwillig
unfreiwillig
unwillig
widerwillig
willig

ILLIGEN

bewilligen
verbilligen
die grilligen
die willigen

ILLING

der Drilling
der Schilling
der Zwilling

ILLION

die Billion
die Million
die Trillion

ILLT

bebrillt
das Bild
das Ebenbild
das Gebild
gedrillt
das Gefild
gerillt
gestillt
gewillt
es gilt
das Götterbild
mild
das Schild
er schilt
er schwillt
sie stillt
ungestillt
er vergilt
das Wild
wild

ILZ

der Filz
die Milz
der Pilz
da quillt's
er stillt's
des Bilds
was gilt's

ILZIG

filzig
pilzig

IMM - IM

der Benimm
ich bestimm
bim bim!

der Grimm
der Isegrimm
klimm!
Klimbim
nimm!
schlimm
schwimm!
im

IMME

ich ergrimme
ich erklimme
im Grimme
die Imme
die Kimme
die schlimme
die Stimme

IMMEL

das Gebimmel
das Gewimmel
der Fimmel
der Himmel
der Schimmel

IMMELN

anhimmeln
abwimmeln
bimmeln
schimmeln
verhimmeln
wimmeln

IMMEN

abstimmen
anstimmen
bestimmen
beistimmen
einstimmen
ergrimmen
erklimmen
glimmen
das Grimmen
die Immen
die Kimmen
klimmen
einen schlimmen
schwimmen
die Stimmen
stimmen
trimmen
übereinstimmen
überstimmen
umstimmen
verglimmen
verschwimmen
verstimmen
vertrimmen
zustimmen

IMMER

der Flimmer
das Frauenzimmer
das Geflimmer
das Gewimmer

der Glimmer
immer
nimmer
der Schimmer
ein schlimmer
der Schwimmer
der Stimmer
der Trimmer
das Zimmer

IMMERN

flimmern
glimmern
schimmern
verschlimmern
wimmern
zimmern

IMMIG

grimmig
stimmig
einstimmig
mehrstimmig

IMMLIG

schimmlig
wimmlig

IMMT

bestimmt
es glimmt
er ergrimmt
der Zimt

IMMUNG

die Abstimmung
die Bestimmung
die Erklimmung
die Kimmung
die Stimmung
die Verstimmung
die Zustimmung

IMPEL

der Gimpel
simpel
der Wimpel

IMPER

das Geklimper
der Stümper
die Wimper

IMPERN

klimpern
die Wimpern
stümpern

IMPF

das Geschimpf
der Glimpf

ich impf
ich schimpf
der Schimpf

IMPFEN

impfen
schimpfen
verunglimpfen

IMPFLICH

glimpflich
schimpflich

IMPFUNG

die Beschimpfung
die Impfung
die Verunglimpfung

YMPHE

die Lymphe
die Nymphe

IMT

bestimmt
ergrimmt
getrimmt
er nimmt
er schwimmt
überstimmt
der Zimt

IN

das Bassin
der Geblin
der Kretin
das Mannequin
das Ragoût fin
der Satin
(dazu ain, eint)

INA

die Angina
die Ballerina
China
die Okarina
Palästina
die Retina
die Vagina

IND

blind
der Grind
das Kind
lind
das Rind
geschwind
der Wind
(dazu int)

INDE

das Angebinde
die Binde

ich binde
ich finde
das Gebinde
eine gelinde
geschwinde
das Gesinde
das Gewinde
die Hinde
dem Kinde
die Linde
die Rinde
die Spinde
die Tamarinde
die Winde

INDEL

das Gesindel
die Schindel
der Schwindel
die Spindel
die Windel

INDELN

die Schindeln
schwindeln
spindeln
die Spindeln
die Windeln

INDEN

abfinden
anbinden
das Befinden
befinden
die Binden
binden
die Blinden
empfinden
entbinden
erblinden
empfinden
finden
entrinden
entschwinden
erblinden
erfinden
finden
die Linden
die Rinden
schinden
schwinden
die Tamarinden
überwinden
unterbinden
verbinden
verschwinden
verwinden
die Winden
winden

INDER

der Besenbinder
der Binder (Schleife)
der Binder (Feldmaschine)
ein Blinder
der Erfinder

der Finder
gelinder
die Kinder
minder
die Rinder
der Schinder
der Überwinder
der Zylinder

INDERN

behindern
den Erfindern
die geschwindern
hindern
lindern
mindern
den Kindern
verhindern
vermindern

INDERT

behindert
herabgemindert
er hindert
er lindert
verhindert
vermindert

INDERUNG

die Behinderung
die Linderung
die Verminderung

INDEST

du bindest
du findest
zumindest

INDHEIT

die Blindheit
die Kindheit

INDIG

ausfindig
findig
grindig
rindig
windig
(auch ündig)

INDLICH

befindlich
empfindlich
kindlich
unempfindlich
unerfindlich
unüberwindlich
unverbindlich
verbindlich

INDLIG

schwindlig
spindlig

INDUNG

die Bindung
die Empfindung
die Entbindung
die Erblindung
die Erfindung
die Überwindung
die Urteilsfindung
die Verbindung
die Windung

ING

der Abkömmling
ich beging
der Bückling
der Däumling
der Dichterling
das Ding
ich empfing
der Erstling
der Findling
ich fing
ider Flüchtling
der Frischling
der Frühling
das Geding
gering
ch ging
der Günstling
der Häufling
er hing
der Jüngling
der Lehrling
der Liebling
der Lüstling
das Messing
der Neuling
der Pfifferling
der Riesling
der Ring
der Säugling
der Schmetterling
der Schößling
der Setzling
der Silberling
ich sing
der Sonderling
der Sperling
der Speyerling
der Sträfling
der Thing
der Trilling
verging
der Weichling
der Zögling
der Zwilling

INGE

ich bringe
die Dinge
ich dringe
ich finge
das Gedinge
es gelinge
die geringe
ich ginge
es hinge

die Klinge
die Ringe
die Schlinge
die Schwinge
ich springe
es verginge
die Zwinge

INGEL

das Geklingel
die Klingel
der Kringel
das Ringel
der Schlingel

INGELN

klingeln
kringeln
ringeln
umzingeln

INGEN

anbringen
aufbringen
aufzwingen
ausbedingen
bedingen
besingen
bezwingen
bringen
dringen
durchdringen
eindringen
entgingen
entspringen
erklingen
erringen
erzwingen
fingen
gelingen
gingen
die geringen
sie hingen
die Klingen
klingen
mißlingen
den Ringen
ringen
schlingen
die Schlingen
schwingen
die Schwingen
singen
das Singen
springen
die Springen
überbringen
umbringen
umringen
umschlingen
umspringen
unterbringen
verbringen
verdingen
vergingen
verklingen
verschlingen

vollbringen
wringen
zerspringen
zubringen
zwingen

INGEND

bezwingend
dringend
händeringend
zwingend

INGER

der Bezwinger
der Bringer
die Dinger
der Fahnenschwinger
der Finger
der Freudenbringer
ein geringer
das Geschlinger
ein Meisterssinger
der Ringer
der Schwinger
der Springer
der Zwinger

INERN

den Bezwingern
den Dingern
den Fingern
den geringern
schlingern
verringern

INGLICH-ICHS-ICHST

dinglich
dringlich
eindringlich
erschwinglich
unbezwinglich
unerschwinglich
undurchdringlich
unwiederbringlich
vordringlich

INGS

allerdings
neuerdings
des Rings
schlechterdings
des Schmetterlings
ich fing's
da ging's

INGSTEN

Pfingsten
die geringsten
die jüngsten

INGT

bedingt
beschwingt

es mißling
er singt
unbedingt

INGUNG

die Bedingung
die Erringung
die Schwingung
die Unterbringung
die Verdingung
die Verschlingung

INIE

die Linie
die Pinie

INIEN

die Linien
die Pinien

INIG

geradlinig
spleenig

INISCH

alpinisch
apollinisch
augustinisch
byzantinisch
florentinisch
jakobinisch
klinisch
medizinisch
paulinisch
sanguinisch
sibyllinisch

INK

der Drink
der Fink
flink
ich hink
link
trink
der Wink
das Zink

INKE

ich blinke
das Gewinke
die flinke
die Klinke
die Linke
die Pinke
die Schminke
ich winke
die Zinke

INKEL

der Dinkel
der Pinkel
der Winkel

INKEN

betrinken
blinken
ertrinken
die Finken
die flinken
hinken
klinken
die Klinken
zur Linken
die Palatschinken
der Schinken
schminken
die Schminken
sinken
stinken
trinken
versinken
verzinken
winken
der Zinken

INKER

ein flinker
die Klinker
ein linker
der Stinker
der Trinker

INKT

ausgeklinkt
der Instinkt
er trinkt
ungeschminkt
er verzinkt
er winkt

INN-IN

die Arbeiterin
die Bäuerin
der Beginn
die Buhlerin
ich bin
dahin
darin
die Dienerin
der Doppelsinn
dorthin
der Eigensinn
fernerhin
gemeinhin
der Gewinn
ich gewinn
der Gin
hierhin
hin
hierin
immerhin
in
die Kellnerin
das Kinn
die Königin
die Künstlerin
die Lehrerin
die Lügnerin
die Malerin

die Meisterin
mithin
die Müllerin
obenhin
ohnehin
die Schäferin
schlechthin
die Schneiderin
die Schuldnerin
die Schwägerin
die Schwätzerin
die Schwindlerin
der Sinn
die Spinnerin
umhin
vorhin
die Weberin
weiterhin
der Widersinn
die Wöchnerin
wohin
worin
das Zinn

INNE

die Finne
das Gespinne
die Gewinne
inne
die Minne
die Pinne
die Sinne
die Spinne
die Zinne

INNEN

die Bäuerinnen
bedingen
beginnen
besinnen
binnen
darinnen
entrinnen
entsinnen
entspinnen
ersinnen
die Finnen
gerinnen
gewinnen
innen
von hinnen
das Linnen
pinnen
rinnen
sinnen
von Sinnen
das Sinnen
die Spinnen
spinnen
das Spinnen
zerrinnen
die Zinnen
es ist zinnen

INNER

der Beginner
der Gewinner
der Spinner

INNERN

erinnern
den Gewinnern
im Innern
den Spinnern
zinnern

INNIG(CH)

bködsinnig
doppelsinnig
eigensinnig
hintersinnig
innig
sinnig
spinnig
widersinnig
entrinn ich
ich besinn mich

INNS-INS

des Beginns
ich beginn’s
ich bin’s
ich ersinn’s
des Gewinns
der Zins

INNT-INT

gesinnt
das Labyrinth
der Splint

INNTE

die Pinte
die Finte
die Flinte
die Hyazinthe
die Pinte

INNTER-INTER

hinter
der Winter

INNUNG

die Innung
die Besinnung
die Gesinnung
die Gewinnung
die Verdünnung

INO

das Albino
das Bambino
das Kasino
das Kino

INSE

die Binse
ich grinse
die Linse
die Plinse
ich verzinse

INSEL

der Einfaltspinsel
das Gepinsel
das Gerinnsel
das Gewinsel
die Insel
der Pinsel

INSELN

die Inseln
pinseln
winseln

INSEN

die Binsen
grinsen
die Linsen
die Zinsen

INST

du besinnst
du entrinnst
das Gespinst
er grinst
er verzinst

INSTER

finster
der Ginster
der Münster

INT

der Absinth
das Angebind
blind
er entrinnt
er ersinnt
gelind
geschwind
gesinnt
gleichgesinnt
der Grind
das Kind
das Labyrinth
lind
das Rind
sie sind
das Sonntagskind
das Sorgenkind
der Spind
der Stint
verschwind
das Wickelkind
der Wind
wohlgesinnt

INTE

die Finte
die Flinte
die Hyazinthe
die Korinthe
die Labyrinthe
die Printe
die Quinte

die Tinte
der wohlgesinnte

INTEN

die Gleichgesinnten
die Finten
hinten
die Hyazinthen
in Labyrinthen

INTER

dahinter
ein gutgesinnter
hinter
der Sinter
der Sprinter
der Winter

INZ

er beginnt's
er ersinnt's
des Kinds
des Labyrinths
die Pfefferminz
der Prinz
die Provinz
sie sind's

INZCHEN-ENS

das Prinzchen
das Pfefferminzchen

INZEN

die Minzen
die Provinzen

IPFEL

der Gipfel
das Kipfel
der Wipfel
der Zipfel
ein Tüpfel

IPP

der Flip
das Geripp
ich kipp
der Klipp
ich nipp
schnipp!
der Stipp
der Tipp

IPPE

das Gerippe
die Grippe
die Hippe
die Kippe
die Klippe
die Krippe
die Lippe
die Rippe
die Schippe

ich schippe
die Schrippe
die Sippe
die Strippe
die Wippe
ich wippe
die Xanthippe

IPPELN

kippeln
schnippeln
tippeln
trippeln

IPPEN

kippen
die Kippen
die Lippen
nippen
die Rippen
schippen
die Schippen
schnippen
die Sippen
stippen
die Strippen
tippen
wippen
die Wippen

IPPER

der Kipper
der Klipper
der Schipper
der Tripper

IPPS-IPS

der Fips
der Gips
der Grips
der Pips
der Rips
der Schlips
der Schwips
der Stips
des Tips

IPSE

die Apokalypse
die Ellipse
die Tippse

IPSEN

die Apokalypsen
beschwipsen
die Ellipsen
gipsen
knipsen

IPST

beschwipst
er gipst
du kippst

er knipst
er schnipst
du tippst
vergipst

IPPT-IPT

eingestippt
gerippt
getippt
das Manuskript
er nippt
das Postskript
er schippt
er schnippt
er stippt

IPTISCH-ISCHS

apokalyptisch
elliptisch

IRB

erwirb
das Gezirp
stirb!
verdirb!
wirb!

IRBE

ich stürbe
ich verdürbe
mürbe

IRBEL

der Wirbel
die Zirbel

IRBELN

wirbeln
den Wirbeln
den Zirbeln
zwirbeln

IRBT

er erwirbt
er stirbt
er zirpt

IRGEND

irgend
nirgend

IRK

der Bezirk
das Gewirk
ich wirk

IRKE

die Birke
ich bewirke
die Bezirke
ich wirke

IRKEN

bewirken
die Birken
den Bezirken
einwirken
mitwirken
nachwirken
rückwirken
die Türken
verwirken
wirken

IRKT

gewirkt
golddurchwirkt
verwirkt
er wirkt

IRM

firm
der Schirm
das Gewürm

IRMEN

firmen
schirmen
türmen

IRMES

ein firmes
die Kirmes
des Schirmes

IRMT

gefirmt
beschirmt
getürmt

IRN

die Birn
die Dirn
der Firn
das Gehirn
das Gestirn
das Hirn
die Stirn
der Zwirn

IRNCHEN-ENS

das Birnchen
das Dirnchen
das Stirnchen

IRNE

die Birne
die Dirne
die Firne
die Gestirne
die Stirne
ich zwirne
die Zwirne

IRNEN

die Birnen
die Dirnen
den Stirnen
zürnen
zwirnen

IRNT

gestirnt
er zwirnt

IRR

das Geklirr
das Geschirr
das Geschwirr
das Gewirr
irr
wirr
ich schirr
ich verwirr

IRRE

ich entwirre
das Geklirre
das Geschwirre
das Gewirre
irre
die Irre
kirre
die Myrrhe
ich schwirre

IRREN

anschirren
abschwirren
beirren
entwirren
flirren
girren
irren
klirren
schirren
schwirren
sirren
die wirren
umschwirren
verirren
verwirren
die Myrrhen

IRRT-IRT

er irrt
der Hirt
der Wirt

IRRTE

der Hirte
die Myrte

IRRTEN

die Hirten
bewirten
die Myrten

IRRUNG

die Irrung
Verirrung
die Wirrung
Verwirrung

IRSCH

der Hirsch
die Kirsch
ich knirsch
die Pirsch
ich pirsch
unwirsch

IRSCHE

die Hirsche
die Kirsche
ich knirsche
ich pirsche
eine unwirsche

IRSCHEN

den Hirschen
die Kirschen
knirschen
pirschen

IRSCHER-ERN-ERS

ein Pirscher
ein unwirscher

IRST

der First
du irrst
du schwirrst
du wirst

IRT

angeschirrt
der Hirt
er irrt
es klirrt
es schwirrt
umgirrt
unbeirrt
verwirrt
er wird

IRTE

ich bewirte
der Hirte
ich irrte
ich schwirrte
der Verirrte
die Wirte

IRTEN

bewirten
sie irrten
sie girrten
die Hirten
den Wirten

IS

die Ärgernis
die Befugnis
das Bekenntnis
die Bildnis
bis
der Biß
die Bitternis
das Ergebnis
die Erkenntnis
die Erlaubnis
die Finsternis
die Firnis
das Gebiß
das Geheimnis
die Genesis
das Geständnis
gewiß
das Hindernis
iß!
die Kenntnis
der Kommiß
der Kompromiß
die Kümmernis
der Jaspis
der Türkis
das Gebiß
der Kompromiß
Narziß
der Riß
der Schiß
vergiß
ich vermiß
das Verständnis

ISCH

aufrührerisch
betrügerisch
dichterisch
drisch
ehebrecherisch
erfinderisch
ich erwisch
der Fisch
frisch
das Gemisch
gärtnerisch
gebieterisch
das Gemisch
das Gezisch
halsbrecherisch
heuchlerisch
ketzerisch
krämerisch
kriegerisch
künstlerisch
lügnerisch
malerisch
ich misch
mörderisch
prahlerisch
räuberisch
rechthaberisch
rednerisch
schmeichlerisch
schriftstellerisch
schwärmerisch
schwelgerisch
spielerisch

tänzerisch
der Tisch
träumerisch
trügerisch
verführerisch
verleumderisch
verlisch
verräterisch
verschwenderisch
wählerisch
der Wisch
zauberisch
zeichnerisch

ISCHE

die Abendfrische
die Fische
die Frische
ich entwische
die Jugendfrische
ich mische
die Nische
die Sommerfrische
die Tische

ISCHEN

auftischen
auswischen
dazwischen
einmischen
entwischen
erwischen
fischen
inzwischen
mischen
vermischen
verwischen
wischen
zischen
zwischen

IS-CHEN-ENS

das Bißchen
das Kißchen
das Rißchen

ISCHER

der Fischer
ein frischer
der Mischer
der Scheibenwischer
ein trügerischer
der Wischer
der Zischer

ISCHT

er drischt
erfrischt
erlischt
entwischt
gemischt
die Gischt
es verlischt
verwischt
zischt

ISCHUNG

Erfrischung
die Mischung

ISKUS

der Diskus
der Fiskus

ISK

der Basilisk
der Obelisk

ISKE

die Odaliske
eine brüske

ISKEN

die Basilisken
die Obelisken
die Odalisken

ISLICH-ICHS-ICHST

mißlich
gewißlich

ISMA

das Prisma
das Schisma

ISMEN

die Aphorismen
Sophismen

ISMUS

der Anachronismus
der Aphorismus
der Atheismus
der Dadaismus
der Deismus
der Despotismus
der Determinismus
der Dualismus
der Egoismus
der Euphemismus
der Fanatismus
der Fatalismus
der Fetischismus
der Feudalismus
der Förderalismus
der Hellenismus
der Heroismus
der Idealismus
der Kateschismus
der Katholizismus
der Liberalismus
der Materialismus
der Mechanismus
der Monarchismus
der Monotheismus
der Mystizismus
der Naturalismus
der Optimismus

der Organismus
der Pantheismus
der Patriotismus
der Pluralismus
der Polytheismus
der Protestantismus
der Provinzialismus
der Purismus
der Rationalismus
der Realismus
der Rheumetismus
der Schematismus
der Skeptizismus
der Spiritualismus
der Terrorismus
der Theismus
der Vandalismus
der Vulkanismus
der Zynismus

ISPEL

das Gelispel
die Mispel

ISSE

die Bisse
ich bisse
die Firnisse
eine gewisse
die Gewissensbisse
ich hisse
die Hornisse
die Kompromisse
die Prämisse
die Melisse
die Narzisse
die Pisse
die Risse
die Schmisse
ich schmisse
das Ungewisse
ich vermisse

ISSEN

abgerissen
der Bissen
beflissen
gerissen
das Gewissen
hingerissen
hissen
die Hornissen
die Kissen
die Kulissen
der Leckerbissen
missen
die Melissen
die Narzissen
pissen
die Prämissen
sie rissen
das Ruhekissen
im ungewissen
vermissen
wissen
zerrissen
zerschmissen

ISSER

der Pisser
der Wisser
ein gewisser

ISSIG

bissig
rissig
schmissig

IßLICH

gewißlich
mißlich

IßT - IST

der Alchimist
der Alpinist
der Altist
der Amethyst
der Anarchist
der Antagonist
der Artist
der Atheist
der Bassist
der Batist
du bist
der Bigamist
der Bovist
der Calvinist
der Cameralist
der Cellist
der Christ
der Deist
der Dentist
der Determinist
der Drogist
der Dualist
der Egoist
der Empirist
er ermißt
der Evangelist
der Exorzist
der Fagottist
der Florist
der Flötist
der Förderalist
der Formalist
die Frist
er frißt
die Galgenfrist
der Germanist
der Grossist
der Harfenist
der Hellenist
der Hornist
der Humanist
der Humorist
der Idealist
der Infanterist
der Internist
er ist
er ißt
der Journalist
der Jurist
der Kapitalist
der Kavallerist

der Klarinettist
der Kolonist
der Kommunist
der Komponist
der Konformist
der Kopist
der Kriminalist
der Latinist
der Linguist
die List
der Loyalist
der Maschinist
der Materialist
der Methodist
der Mist
der Monopolist
der Moralist
der Naturalist
der Nihilist
der Nominalist
der Obrist
der Optimist
der Organist
der Orientalist
der Parodist
der Pessimist
der Pianist
der Pietist
der Polizist
der Posaunist
der Polytheist
der Prosaist
der Protagonist
der Psalmist
der Publizist
der Purist
der Rabulist
der Rationalist
der Realist
der Rist
der Romanist
der Royalist
der Seminarist
der Separatist
der Solist
der Sophist
der Statist
der Stilist
der Terrorist
der Theist
der Tourist
der Trappist
trist
der Twist
er vergißt
er vermißt
der Violinist
der Violoncellist
der Widerrist
ihr wißt
der Zionist
der Zivilist
der Zwist

ISTE - IßTE

die Amethyste
ich friste
ich hißte
die Kiste

die Liste
eine triste
ich vermißte
die Ziste
die Zwiste

ISTEL

die Distel
die Epistel
die Fistel
die Mistel

ISTELN

die Disteln
die Episteln
die Fisteln
die Misteln

IßTEN - ISTEN

ausmisten
befristen
die Christen
die Fristen
fristen
einnisten
die Kisten
die Listen
sie misten
nisten
die Pisten
überlisten
die Vermißten

IßTER - ISTER

das Geknister
die Geschwister
der Kanister
der Magister
der Minister
der Mister
der Philister
das Register
der Tornister
ein trister
ein vermißter

ISTERN

verschwistern
knistern

ISTIG - IGS - IGST

kurzfristig
listig
mistig

ISTIK

die Alpinistik
die Ballistik
die Belletristik
die Charakteristik
die Journalistik
die Linguistik
die Mystik
die Realistik

die Sophistik
die Statistik
die Touristik

ISTISCH - ISCHS

alchimistisch
alpinistisch
antagonistisch
aphoristisch
artistisch
atheistisch
ballistisch
belletristisch
charakteristisch
deistisch
deterministisch
dualistisch
egoistisch
exorzistisch
fatalistisch
förderalistisch
germanistisch
hellenistisch
heuristisch
humoristisch
humanistisch
idealistisch
journalistisch
juristisch
kabbalistisch
kalvinistisch
kolonistisch
konformistisch
kriminalistisch
linguistisch
materialistisch
methodistisch
monotheistisch
mystisch
naturalistisch
nihilistisch
nominalistisch
optimistisch
orientalistisch
pantheistisch
parodistisch
pessimistisch
pietistisch
polytheistisch
publizistisch
puristisch
rationalistisch
realistisch
romanistisch
royalistisch
separatistisch
sophistisch
statistisch
stilistisch
terroristisch
theistisch

IT - ITH - ITT

der Bandit
das Biscuit
das Colorit
der Cosmopolit
das Defizit

der Eremit
exquisit
das Fazit
der Hermaphrodit
der Israelit
der Jesuit
mit
der Parasit
ein Requisit
die Sanskrit
der Satellit
der Schiit
der Semit
ich glitt
der Kitt
ich litt
ich ritt
der Ritt
ich schnitt
der Schnitt
ich schritt
der Schritt
er stritt
der Tritt
(dazu auch iet)

ITE - ITTE

ich bitte
die Bitte
der dritte
die Elite
ich glitte
ich litte
die Mitte
die Quitte
die Requisite
ich ritte
die Sitte
die Schnitte
ich schritte
die Schritte
er stritte
die Titte
die Tritte
die Visite
(dazu iete)

ITEL - ITTEL

das Drittel
das Gekrittel
das Kapitel
der Kittel
der Knittel
mittel
das Mittel
der Titel

ITELN - ITTELN

dritteln
kritteln
titeln
vermitteln

ITEN - ITTEN

die Banditen
bitten

die Bitten
die Cosmopoliten
zum dritten
die Eremiten
die exquisiten
die Favoriten
gelitten
geschnitten
kitten
die Leviten
die Meriten
mitten
die Quitten
die Requisiten
die Satelliten
der Schlitten
die Schiiten
die Semiten
die Sitten
die Titten
die Termiten
verbitten
verschnitten

ITER - ITTER

bitter
der Flitter
das Gewitter
das Gitter
der Ritter
der Schnitter
der Splitter
die Zither
der Zwitter

ITERN - ITTERN

gewittern
klittern
knittern
splittern
verbittern
vergittern
verwittern
wittern
die Zithern
das Zittern

ITTERT

verbittert
verknittert
verwittert

ITTICH

so bitt`ich
der Fittich

ITTIG

sittig
schnittig

ITISCH

analytisch
britisch
kritisch
paralytisch

politisch
rhachitisch
sodomitisch

ITMEN

die Logarithmen
die Rythmen
widmen

ITMISCH

logarithmisch
rythmisch

ITMUS

der Logarithmus
der Rythmus

ITO

dito
der Moskito

ITOR

der Konditor
der Inquisitor
der Repetitor

ITSCH

der Kitsch
klitsch

ITSCHE

die Glitsche
dem Kitsche
die Klitsche
die Pritsche

ITSCHEN

die Flitschen
glitschen
die Klitschen
die Pritschen

ITT

ich bitt
damit
zu dritt
fit
hiermit
der Kitt
mit
der Monolith
quitt
der Ritt
ich ritt
der Schnitt
der Schritt
somit
der Sprit
das Transit
der Tritt
der Verschnitt
womit

ITCHEN

das Flittchen
das Kittchen
am Schlafittchen
das Schnewittchen
ein Schnittchen
ein Schrittchen
ein Trittchen

ITTE

die Bitte
der Dritte
ich glitte
ich kitte
die Mitte
die Quitte
die Ritte
die Schnitte
die Schritte
die Sitte
die Visite

ITTEL

ich bekrittel
das Drittel
das Kapitel
der Kittel
der Knittel
das Lebensmittel
das Mittel
der Titel
ich vermittel

ITTELN

bekritteln
betiteln
dritteln
zu zwei Dritteln
ermitteln
den Mitteln
vermitteln

ITTELT

er bekrittelt
er betitelt
unbemittelt
unvermittelt

ITTEN

beritten
beschnitten
beschritten
bestritten
bitten
entglitten
erbitten
gelitten
sie glitten
inmitten
kitten
sie litten
mitten
sie ritten
der Schlitten
sie schnitten

sie schritten
die Sitten
die Titten
den Tritten
umstritten
unumstritten
verbitten
verkitten
zerschnitten
zusammenkitten

ITTER

der Babysitter
bitter
ein dritter
der Flitter
das Genitter
das Gewitter
das Gitter
der Magenbitter
der Ritter
der Schnitter
der Splitter
die Zither
der Zwitter

ITTERN

erbittern
gewittern
hinter Gittern
knittern
den Rittern
schlittern
splittern
verbittern
vergittern
verwittern
zerknittern
zersplittern
zittern

ITTERT

erbittert
hineingeschlittert
umgittert
verbittert
vergittert
verwittert
er wittert
zerknittert
zersplittert
er zittert

ITTERUNG

die Erbitterung
die Klitterung
die Vergitterung
die Verwitterung
die Witterung (Wetter)
die Zersplitterung

ITTET

er bittet
gesittet
verkittet

ITTICH

litt ich
der Fittich
ritt ich
der Sittich
strittig

ITTICH

durchschnittlich
sittlich
unerbittlich
unsittlich

ITTUNG

die Gesittung
die Quittung

IX

das Kruzifix
der Nix
nix!

IXE

eine fixe
die Nixe

IXEN

die fixen
die Nixen

IZ - ITZ

der Aberwitz
das Antlitz
der Besitz
der Blitz
ich erbitt's
der Geistesblitz
das Kitz
ich litt's
der Mutterwitz
der Ritz
der Sitz
der Schlitz
spitz
ich stiebitz
der Witz

ITZCHEN

ein Fitzchen
Fritzchen
ein Kitzchen
ein Schlitzchen
ein Spitzchen
ein Witzchen

ITZE

die Elritze
die Haubitze
die Hitze
die Kitze
die Lakritze
die Litze

die Ritze
die Skizze
ich schwitze
ich sitze
die Spitze
die Spritze
die Witze
die Zitze

ITZEL

das Gekritzel
das Gewitzel
der Kitzel
ich kitzel
ich kritzel
das Ritzel
das Schnitzel
der Spitzel

ITZELN

bespitzeln
kitzeln
kritzeln
schnitzeln
spitzeln
witzeln

ITZEN

besitzen
blitzen
erhitzen
flitzen
den Kitzen
die Litzen
die Ritzen
ritzen
schlitzen
schnitzen
schwitzen
sitzen
ich bleibe sitzen
die Skizzen
einen spitzen
die Spitzen
spitzen
spritzen
die Spritzen
stiebitzen
verschwitzen
die Zitzen

ITZER

der Besitzer
der Beisitzer
der Erhitzer
ein Flitzer
das Geglitzer
der Schnitzer
ein spitzer
der Spritzer

ITZERN

glitzern
den Besitzern
die spitzern

ITZIG

aberwitzig
hitzig
schwitz ich
schlitzig
sitz ich
spitzig
witzig

ITZT

abgeblitzt
es blitzt
erhitzt
du flitzt
geschlitzt
gespitzt
gewitzt
die schnittst
er stibitzt
überhitzt
verschmitzt
zugespitzt

ITZUNG

die Besitzung
die Erhitzung
die Sitzung
die Überhitzung
die Überspitzung
die Zuspitzung

IVE

die Lokomotive
die Motive
die Offensive
die Olive
das Positive

IZ

das Benefiz
des Gebiets
da geschieht's
das Hospiz
das Indiz
die Justiz
ich mied's
die Miez
die Miliz
die Notiz
ich verriet's

IZE

die Hospize
der Komplize
die Matrize
der Mestize
die Mieze
der Novize
ich sieze
ich strieze

Reimendungen mit dem Anfangs-buchstaben O

O - OH

das O
das A und O
anderswo
apropos!
der Bolero
das Bonmot
das Büro
der Bungalow
das Cembalo
ein Chapeau
ein Depot
das Domino
ich droh
ebenso
das Embryo
der Eskimo
feurio
der Floh
er floh
fortissimo
froh
der Gigolo
das gros
en gros
hoho!
hallo!
holdrio
horrido
der Indigo
in dubio
in dulci jubilo
inkognito
irgendwo
das Jabot
das Kaliko
lebensfroh
lichterloh
das Loh
nirgendwo
das Niveau
numero
oh !
oho!
das Paletot
der Pharao
pianissimo
der Pierrot
das Pikkolo
das Plateeau
das Plumeau
der Po
der Popo
prestissimo
pro
ein Quidproquo
das Risiko
das Rokoko
roh
Salomo
so
soso
sowieso
Stroh
das Studio
das Tableau
das Trikot
ultimo
unisono

wieso
wo
der Zoo
zwo
Zeter-Mordio!

OB

gottlob
grob
er hob
das Kaleidoskop
das Lob
das Mikroskop
der Misanthrop
der Philantrop
ob
er schob
das Stethoskop
er stob
er wob
das Teleskop
der Zyklop

OBE

die Garderobe
das Getobe
der grobe
zum Lobe
die Mikrobe
die Probe
ich probe
die Robe
ich tobe

OBEL

der Hobel
nobel
das Tobel
der Zobel

OBELN

hobeln
knobeln
die nobeln

OBEN

droben
erhoben
erproben
gehoben
geloben
gewoben
die Globen
im groben
sie hoben
kieloben
die Kloben
loben
oben
die Proben
proben
die Roben
toben
umwoben
verloben
verschoben

verschroben
verwoben

OBER

ich erober
der Ober
der Oktober
der Schober
das Zinnober

OBERN

erobern
die Obern
den Schobern

OBLER

ein Hobler
nobler

OBST

du hobst
du lobst
das Obst
der Probst

OBT

erprobt
gelobt
hochgelobt
er probt
er tobt
verlobt

OBUNG

die Erprobung
die Verlobung

OCH

dennoch
doch
jedoch
das Joch
der Koch
er kroch
das Loch
noch
ich poch
er roch

OCHE

die Epoche
das Gepoche
im Joche
ich koche
dem Loche
die Woche
ich unterjoche

OCHEN

die Epochen
gebrochen

gerochen
gesprochen
gestochen
kochen
der Knochen
sie krochen
lochen
pochen
sie rochen
ungebrochen
ungerochen
unterjochen
ununterbrochen
versprochen
die Wochen

OCHER

der Bocher
das Gestocher
der Kocher
der Locher
der Zahnstocher

OCHERN

den Kochern
stochern

OCHS

die Box
das Gesox
der Ochs
orthodox
des Jochs
des Kochs
des Lochs
paradox
der Phlox

OCHSE

der Ochse
ich ochse
der Orthodoxe
die Paradoxe

OCHSEN

boxen
ochsen
den Ochsen

OCHST

du kochst
du krochst
du rochst

OCHT

ausgekocht
das Docht
ich verfocht
er focht
er flocht
gelocht
gemocht
ich hock

ihr krocht
ungekocht
unterjocht
ich vermocht

OCHTEN

die Ausgekochten
den Dochten
eingeflochten
sie flochten
sie fochten
sie kochten
sie mochten
sie pochten
sie verfochten
sie vermochten

OCHTER

ein gekochter
die Tochter
ein unterjochter

OCK

barock
das Barock
en bloc
der Block
der Bock
die Fock
ich frohlock
das Gelock
der Grog
ad hoc
die Lok
der Pflock
der Rock
das Schock
der Schock
der Stock
das Tarock

OCKE

die Artischocke
das Barocke
die Flocke
die Glocke
die Hocke
die Kokke
die Locke
ich locke
die Nocke
die Pocke
die Socke
dem Stocke

OCKEL

das Gehockel
der Gockel
der Sockel
das Geschockel

OCKELN

hockeln
schockeln

OCKEN

die Artischocken
aufstocken
die barocken
blocken
bocken
der Brocken
docken
einbrocken
erschrocken
die Flocken
frohlocken
die Glocken
Haferflocken
hocken
die Locken
locken
die Pocken
die Socken
schocken
stocken
tarocken
trocken
unerschrocken
verbocken
verlocken

OCKER

ein barocker
der Hocker
locker
das Ocker
der Stubenhocker

OCKIG

bockig
flockig
glockig
lockig
pockig
stockig

OCKNEN

einen erschrocknen
trocknen
vertrocknen

OCKT

aufgebockt
aufgedockt
aufgestockt
eingebrockt
er frohlockt
gelockt
verbrockt
verstockt

OCKUNG

die Lockung
die Stockung
die Verlockung

OKUS

der Krokus

der Fokus
hokus pokus

ODE

die Anode
die Antipode
die Elektrode
die Episode
die Kathode
die Kommode
marode
die Methode
die Mode
die Ode
die Pagode
die Periode
ich rode
die Synode
im Tode

ODEL

das Gebrodel
das Gejodel
das Model
die Rodel

ODELN

brodeln
jodeln
modeln
rodeln
ummodeln

ODEM

der Brodem
der Odem

ODEMS

des Brodems
des Odems

ODEN

die Antipoden
der Boden
der Dachboden
die Episoden
die Hoden
die Kommoden
der Loden
der Meeresboden
die Moden
die Methoden
die Pagoden
die Perioden
roden
die Soden
die Synoden

ODER

ein kommoder
der Moder
ein maroder
oder
die Oder

ODERN

lodern
modern
vermodern

ODEX

der Codex
der Podex

ODISCH

episodisch
modisch
melodisch
methodisch
periodisch

ODLER

der Jodler
der Rodler

OE

adieu!
die Bö
die Diarrhöe
die Flöh
die Höhe
das Milieu
mon dieu!
Monsieur
der Queue

ÖBE - ÖWE

er höbe
er schöbe
der Löwe
die Möwe

ÖBEL

der Döbel
die Möbel
der Pöbel

ÖBELN

anpöbeln
den Möbeln
vermöbeln

ÖBER

gröber
das Gestöber
der Stöber
das Schneegestöber

ÖBERN

vergröbern
stöbern

ÖBLICH

gröblich
löblich

ÖCHEL

das Geröchel
der Knöchel

ÖCHELN

den Knöcheln
röcheln
das Todesröcheln

ÖCHEN

sie kröchen
sie röchen
den Köchen

ÖCHER

der Köcher
die Löcher

ÖCHERN

durchlöchern
den Köchern
den Löchern
verknöchern

ÖCKCHEN

das Böckchen
das Bröckchen
das Flöckchen
das Glöckchen
das Löckchen
das Röckchen
das Stöckchen

ÖCKE

die Böcke
die Blöcke
die Pflöcke
die Röcke
die Stöcke

ÖCKELN

bröckeln
stöckeln

ÖCKEN

anpflöcken
den Böcken
den Röcken

ÖD

öd
blöd
(dazu öt)

ÖDE

öde
die Oede
ich öde
blöde

die Einöde
schnöde
spröde
ich verblöde
ich veröde

ÖDEL

Aschenbrödel
der Blödel
der Knödel
der Trödel

ÖDELN

den Aschenbrödeln
blödeln
den Knödeln
trödeln
vertrödeln

ÖDEN

anöden
die blöden
die Einöden
die öden
verblöden
veröden

ÖDEND - ÖTEND

verblödend
verödend
tötend

ÖDER

ein blöder
der Köder
ein schnöder
ein spröder

ÖFF

das Gesöff
das Töfftöff

ÖFE-ÖFFE

die Bischöfe
die Gesöffe
er söffe
der Schöffe
es tröffe

ÖFFEL

der Löffel
ein Töffel

ÖGE

ich betröge
ich böge
ich flöge
ich löge
ich söge
ich wöge
ich vermöge
ich zöge

ÖGEN

die Bögen
sie bögen
sie flögen
sie lögen
sie mögen
das Unvermögen
das Vermögen
sie zögen

ÖHE

er erhöhe
ich flöhe
die Flöhe
die Höhe

ÖHEN

den Flöhen
sie entflöhen
erhöhen
die Höhen

ÖL

das Gegröl
ich gröl
das Öl

ÖLE - ÖHLE

das Gegröle
ich gröle
die Höhle
die Öle
die Töle

ÖLEN - ÖHLEN

aushöhlen
grölen
höhlen
die Höhlen
nölen
ölen
die Tölen

ÖLER

der Gröler
der Köhler

ÖLFE

die Wölfe
zwölfe

ÖLKCHEN

das Völkchen
das Wölkchen

ÖLL

das Geröll
die Höll'
es schöll'
er schwöll'

ÖLLE

das Gerölle
das Gewölle
die Hölle
ich völle
die Völle
die Zölle

ÖLLEN

die Höllen
den Zöllen
völlen

ÖLLER

der Böller
der Söller
ein Völler

ÖLLIG

völlig
mehrzöllig

ÖLUNG

die Ölung
die Höhlung

ÖLZE

das Gehölze
ich schmölze

ÖMEN

Böhmen
in Strömen
strömen

ÖMMLICH

bekömmlich
frömmlich
herkömmlich

ÖMMLING

der Frömmling
der Abkömmling
der Ankömmling
der Emporkömmling

ÖN

der Fön
den Flöhn
ich frön
das Gedröhn
das Geklön
das Gestöhn
das Getön
die Höhn
obszön
schön
das Tausdendschön
die Tön'
ich verwöhn
wunderschön

ÖNCHEN

den Mönnchen
ein Nönnchen
ein Tönnchen

ÖNCHEN

das Böhnchen
das Kanönchen
das Krönchen
das Persönchen
das Portiönchen
das Söhnchen
das Tönchen

ÖNE

ich fröne
das Gedröhne
das Geklöne
das Gestöhne
das Getöne
ich höhne
ich kröne
eine obszöne
die Schöne
die Söhne
die Töne

ÖNEN

angewöhnen
argwöhnen
dröhnen
erdröhnen
entwöhnen
ertönen
frönen
gewöhnen
höhnen
klönen
krönen
schönen
den Söhnen
stöhnen
denTönen
tönen
übertönen
verhöhnen
verpönen
verschönen
versöhnen
verwöhnen

ÖNER

ein Fröner
ein obszöner
ein schöner
ein Tagelöhner
der Versöhner

ÖNERN

den schönern
den Tagelöhnern
tönern
verschönern
den Versöhnern

ÖNIG

eintönig
föhnig
der König
mißtönig
krön ich
stöhn ich

ÖNLICH

gewöhnlich
persönlich
ungewöhnlich
unpersönlich
unversöhnlich
versöhnlich

ÖNNCHEN

den Mönchen
das Nönnchen
das Tönnchen

ÖNNE

er gönne
ich spönne
ich gewönne

ÖNNEN

gönnen
können
das Können

ÖNNER

der Gönner
der Können
der Alleskönner

ÖNT

bekrönt
er frönt
gekrönt
gewöhnt
preisgekrönt
er stöhnt
verpönt
versöhnt
verwöhnt

ÖNUNG

die Entwöhnung
die Gewöhnung
die Krönung
die Löhnung
die Tönung
die Verhöhnung
die Versöhnung

ÖPFCHEN

das Köpfchen
das Knöpfchen
das Kröpfchen
das Geschöpfchen
das Zöpfchen

ÖPFE

die Geschöpfe
ich knöpfe
die Knöpfe
ich köpfe
die Köpfe
ich kröpfe
die Kröpfe
die Schöpfe
die Töpfe
die Zöpfe

ÖPFEN

abknöpfen
abschöpfen
ausschöpfen
erschöpfen
knöpfen
köpfen
kröpfen
schöpfen
schröpfen

ÖPFER

der Schöpfer
der Schröpfer
der Töpfer

ÖPFISCH

rappelköpfisch
sauertöpfisch

ÖPFT

erschöpft
geköpft
gekröpft
geschröpft
er schöpft
er schröpft
zugeknöpft

ÖPFUNG

die Erschöpfung
die Köpfung
die Schöpfung

ÖR

der Amateur
der Chauffeur
der Deserteur
der Dompteur
der Friseur
das Gehör
das Geröhr
das Gör
der Gouverneur
der Kontrolleur
der Ingenieur
das Interieur
der Jongleur
der Kondukteur
der Konstrukteur
der Kontrolleur
der Likör

das Malheur
der Monteur
das Nadelöhr
das Öhr
der Redakteur
der Regisseur
der Restaurateur
der Schwadroneur
ich schwör
der Souffleur
der Spediteur
der Stör
das Verhör
das Zubehör

ÖRCHEN

das Histörchen
das Likörchen
das Möhrchen
das Öhrchen
das Röhrchen
den Störchen

ÖRDE

die Börde
die Behörde

ÖRE

ich betöre
die Chöre
die Föhre
die Frisöre
die Göre
die Liköre
die Möhre
die Röhre
ich störe
die Tenöre
ich verlöre

ÖREN

angehören
beschwören
betören
dazugehören
empören
entstören
erhören
die Föhren
sie frören
gehören
den Gören
hören
die Möhren
den Redakteuren
den Regisseuren
röhren
schwören
stören
den Tenören
überhören
verhören
sie verlören
verschwören
verstören
zerstören

ÖREND

beschwörend
betörend
empörend
hörend
störend
zerstörend

ÖRER

der Beschwörer
der Empörer
der Hörer
der Ruhestörer
der Schlangenbeschwörer
der Störer
der Verschwörer
der Zerstörer

ÖRICHT

das Röhricht
töricht

ÖRNCHEN

das Dörnchen
das Hörnchen
das Körnchen

ÖRNER

die Hörner
die Körner

ÖRNIG

einhörnig
körnig

ÖRTCHEN

das Örtchen
das Pförtchen
das Törtchen
das Wörtchen

ÖRTLICH

örtlich
wörtlich

ÖRUNG

die Beschwörung
die Betörung
die Empörung
die Erhörung
die Störung
die Verschwörung
die Zerstörung

ÖS

amourös
bös
ich dös
der Erlös
ich erlös
ich entblößß

ich flöß
das Gekrös
graziös
kapriziös
luxuriös
maliziös
melodiös
monströs
muskulös
mysteriös
nervös
ominös
pompös
porös
religiös
schikanös
seriös
skandalös
tendenziös
voluminös

ÖSCHEN

das Döschen
die Höschen
das Klößchen
das Möschen
das Röschen
das Schößchen
das Stößchen

ÖSCHUNG

die Böschung
die Löschung

ÖSE - ÖßE

die Blöße
böse
die Böse
ich entblöße
ich flöße
die Flöße
das Gekröse
das Getöse
die Größe
die Klöße
ich löse
die Möse
die Öse
die Schöße
die Seelengröße
die Stöße

ÖSEN

ablösen
auflösen
die Bösen
die Blößen
dösen
einflößen
entblößen
erlösen
flößen
die Größen
lösen
die nervösen
die Ösen
die seriösen

ÖSER

der Flößer
größer
der Stößer

ÖST

aufgelöst
er döst
eingeflößt
entblößt
erlöst
er flößt
gelöst
er löst
verdöst

ÖSTE

ich döste
ich entblößte
ich erlöste
ich flößte
der Größte
ich löste
die Röste
ich röste
ich tröste

ÖSTEN

sie dösten
sie entblößten
die Erlösten
sie flößten
die Größten
sie lösten
rösten
trösten

ÖSTER

unser größter
ein entblößter
ein gelöster
die Klöster
der Röster
der Tröster

ÖSTERLICH

klösterich
österlich

ÖSTLICH

köstlich
östlich
tröstlich

ÖSTUNG

die Tröstung
die Röstung

ÖSUNG

die Auflösung
die Einlösung

die Erlösung
die Lösung

ÖT

blöd
erhöht
ich erröt'
die Flöt'
öd
schnöd
spröd
ich verblöd'

ÖTCHEN

ein Brötchen
ein Flötchen
ein Knötchen
ein Krötchen
ein Pfötchen

ÖTE

die Abendröte
er böte
ich erhöhte
ich erröte
die Flöte
ich flöte
die Kröte
die Morgenröte
die Nöte
die Röte
ich töte

ÖTEN

sie böten
sie erhöhten
erröten
die Flöten
flöten
die Jöten
die Kröten
löten
töten
in Nöten
vonnöten

ÖTER

der Köter
der Töter
der Schwerenöter

ÖTIG

erbötig
nötig
vierschrötig

ÖTLICH

tödlich
rötlich

ÖTTER

die Götter
die Abgötter

die Hundsfötter
die Spötter
ich vergötter

ÖTTERN

den Göttern
den Hundsföttern
den Spöttern
vergöttern

ÖTTISCH

abgöttisch
hundsföttisch
spöttisch

ÖTZE

ich ergötze
der Götze
die Klötze
der Ölgötze

ÖTZEN

ergötzen
die Götzen
den Klötzen
den Ölgötzen

ÖWE

der Löwe
die Möwe

ÖWE

der Löwe
die Möwe

OF

der Apostroph
doof
der Hof
der Philosoph
der Schwof
der Theosoph

OFE

der Ganove
im Hofe
die Katastrophe
ich schwofe
die Strophe
die Zofe

OFEL

der Knofel
schofel

OFEN

der Alkoven
die doofen
die Katastrophen
der Ofen
die Philosophen

schwofen
die Strophen
die Zofen

OFF

der Bischoff
ich hoff
der Sauerstoff
schroff
er soff
der Stoff
er troff

OFFEL

die Kartoffel
der Pantoffel
der Stoffel

OFFEN

besoffen
betroffen
erhoffen
ersoffen
getroffen
hoffen
offen
die Schroffen
sie soffen
sie troffen
unübertroffen
verhoffen
versoffen

OFFER

der Koffer
ein schroffer

OFFNE

der offne
der besoffne

OFFT

er hofft
oft
unverhofft

OG

analog
ich bog
der Dialog
der Dekalog
der Epilog
ich flog
der Katalog
ich log
das Log
der Monolog
der Nekrolog
der Prolog
ich sog
der Sog
der Trog
ich wog
ich zog

OGE

der Anthologe
das analoge
der Archäologe
der Demagoge
die Dialoge
die Droge
die Epiloge
die Kataloge
die Loge
der Pädagoge
die Piroge
die Synagoge
der Theologe
die Woge
ich woge
der Zoologe

OGEL

das Gemogel
der Kogel
der Vogel

OGEN

belogen
betrogen
bewogen
der Bilderbogen
der Bogen
sie bogen
den Dialogen
den Demagogen
der Ellenbogen
entflogen
erzogen
sie flogen
gebogen
gewogen
sie logen
der Regenbogen
der Rogen
überzogen
ungelogen
ungezogen
verbogen
verlogen
verzogen
die Wogen
wogen
sie zogen

OGGEN

die Doggen
die Koggen
der Roggen

OGIK

die Demagogik
die Logik
die Pädagogik

OGISCH

archäologisch
demagogisch

logisch
monologisch
pädagogisch
philologisch
theologisch
zoologisch

OGLER

der Mogler
ein Vogler

OGT

ihr bogt
der Vogt
ihr wogt
ihr zogt

OHE

ich drohe
der frohe
die Lohe
der rohe

OHEN

drohen
entflohen
sie flohen
die hohen
lohen
die rohen
verrohen

OHHEIT

die Hoheit
die Rohheit

OISCH

heroisch
paranoisch
stoisch

OKUS

der Fokus
der Hokuspokus
der Krokus
der Lokus

OL

der Alkohol
der Bol
das Entresol
frivol
das Gejohl
aufs Geratewohl
hohl
ich hol
das Idol
die Interpol
jawohl
das Kamisol
das Kapitol
das Karbol
der Karfiol

das Karneol
der Kohl
das Monopol
obwohl
der Pirol
der Pol
sowohl
das Stanniol
das Symbol
Tirol
das Vitriol
wiewohl
das Wohl
wohl

OLBEN

die Holben
der Kolben

OLCH

der Dolch
der Lolche
der Molch
solch
der Strolch

OLCHE

die Dolche
ich erdolche
die Molche
solche
die Strolche

OLCHEN

erdolchen
den Dolchen
solchen
strolchen

OLD

abhold
das Gold
hold
der Herold
der Kobold
der Mangold
der Sold
der Unhold
der Trunkenbold
der Witzbold
(dazu olt)

OLDE

die Dolde
ich besolde
die holde
die Trunkenbolde
ich vergolde

OLDEN

besolden
die Dolden
golden
die holden

den Trunkenbolden
vergolden

OLDER

ein holder
der Polder
der Vergolder
der Wachholder

OLDIG

doldig
goldig

OLDUNG

die Besoldung
die Vergoldung

OLE

die Aureole
die Banderole
die Barkarole
die Bohle
die Bowle
die Dohle
eine frivole
das Gejohle
das Gekohle
die Gladiole
die Gloriole
eine hohle
ich hole
die Idole
ich johle
die Kapriole
ich kielhole
die Kohle
die Konsole
die Metropole
die Mole
der Mongole
die Parole
dem Pirole
die Phiole
die Pistole
die Pole
die Sole
die Sohle
die Viole
zum Wohle

OLEN

abholen
aufholen
die Aureolen
befohlen
besohlen
die Bohlen
die Bowlen
die Dohlen
empfohlen
einholen
erholen
das Fohlen
holen
johlen

karriolen
die Kohlen
die Konsolen
die Ledersohlen
nachholen
die Parolen
die Phiolen
die Pistolen
die Sohlen
die Solen
überholen
unverhohlen
verkohlen
versohlen
verstohlen
die Violen
wiederholen

OLF

der Golf
der Wolf

OLGE

ich folge
die Folge
das Gefolge

OLGEN

befolgen
erfolgen
folgen
die Folgen

OLICH

bedrohlich
hol ich
wohlig
versohl ich

OLIE

die Folie
die Magnolie
die Scholie

OLISCH

anatolisch
apostolisch
diabolisch
hyperbolisch
katholisch
kreolisch
melancholisch
mongolisch
symbolisch

OLK

der Kolk
er molk
das Volk

OLKE

am Kolke
die Molke

dem Volke
die Wolke

OLKIG

kolkig
wolkig

OLL

absichtsvoll
achtungsvoll
ahnungsvoll
andachtsvoll
angstvoll
Apoll
das Atoll
anspruchsvoll
ausdrucksvoll
bedeutungsvoll
demutsvoll
drangvoll
ehrenvoll
ehrfurchtsvoll
einsichtsvoll
erbarmungsvoll
erwartungsvoll
freudenvoll
friedevoll
gedankenvoll
gefahrvoll
gefühlvoll
gehaltvoll
geheimnisvoll
geistvoll
gemütvoll
geräuschvoll
geschmackvoll
gramvoll
grauenvoll
der Groll
hoffnungsvoll
hoheitsvoll
huldvoll
jammervoll
kenntnisvoll
kraftvoll
kummervoll
kunstvoll
lebensvoll
leidvoll
liebevoll
des Lobes voll
lustvoll
mitleidsvoll
moll
mühevoll
neidvoll
planvoll
das Protokoll
prunkvoll
qualvoll
es quoll
ränkevoll
rätselvoll
randvoll
reizvoll
reuevoll
rücksichtsvoll
ruhevoll

schamvoll
schmachvoll
schmerzvoll
es scholl
er schwoll
schwungvoll
seelenvoll
sehnsuchtsvoll
sinnvoll
ich soll
sorgenvoll
toll
trostvoll
übervoll
unschuldsvoll
verdienstvoll
verhängnisvoll
verheißungsvoll
vertrauensvoll
voll
eine Hand voll
vorwurfsvoll
wechselvoll
wehmutsvoll
wonnevoll
würdevoll
wundervoll
der Zoll

OLLE

die Ackerscholle
die Bolle
die Casserolle
die Dolle
die Eisscholle
die Hauptrolle
Frau Holle
die Jolle
die Knolle
die Kontrolle
die Molle
die Nebenrolle
ich rolle
die Rolle
die Scholle
ich schmolle
die Stolle
die Tolle
ich trolle
ich wolle
die Wolle
die wundervolle
ich zolle

OLLEN

entquollen
geschwollen
grollen
die Knollen
die Mollen
die Pollen
sie quollen
rollen
sollen
schmollen
die Schollen
der Stollen
tollen

trollen
verquollen
verschollen
verzollen
die vorwurfsvollen
wollen
wollen (aus Wolle)
zollen

OLLER

das Geboller
ein grauenvoller
die Hohenzoller
das Koller
der Koller
der Liebeskoller
der Poller
der Roller
ein toller
der Tropenkoller

OLLERN

bollern
kollern

OLLIG

drollig
knollig
mehrzollig
mollig
rollig
wollig

OLLSTER

tollster
vollster
das Polster

OLLT

er grollt
er rollt
er schmollt
er tollt
ihr wollt

OLLTE

wollte
die Revolte
die Volte

OLLTEN

sie vergolten
unbescholten

OLLTER

ein verzollter
die Folter
die Kolter

OLLTERN

foltern
poltern

OLM

der Olm
der Holm

OLPERN

holpern
stolpern

OLT

der Colt
gerollt
gesollt
gewollt
er grollt
ungewollt
ihr wollt
das Volt
(dazu old)

OLTE

die Revolte
ich sollte
die Volte
ich wollte

OLTEN

sie grollten
sie tollten
unbescholten
vergolten

OLTER

ein ergrollter
die Folter
das Gepolter
ein gewollter
holterdipolter
ein ungewollter
ein verzollter

OLTERN

foltern
poltern

OLUNG

die Abholung
die Besohlung
die Erholung
di Überholung
die Verkohlung
die Wiederholung

OLZ

der Bolz
das Ebenholz
das Eichenholz
der Hagestolz
das Holz
er schmolz
stolz
der Stolz
das Unterholz

OLZEN

der Bolzen
bolzen
geschmolzen
holzen
die stolzen
verbolzen

OM

der Agronom
der Anatom
der Astronom
das Atom
autonom
das Axiom
das Brom
das Chrom
das Diplom
der Dom
der Gastronom
der Gnom
go home
das Hippodrom
das Idiom
das Karzinom
das Metronom
das Ohm
der Ökonom
das Phantom
das Physiognom
das Progrom
der Strom
das Symptom

OMBE

ich bebombe
die Bombe
die Hekatombe
die Katakombe
die Plombe
die Trombe

OMEN

die Agronomen
den Aromen
dieAstronomen
den Domen
die Gnomen
das Omen
verchromen

OMISCH

agronomisch
anatomisch
astronomisch
binomisch
gastronomisch
komisch
ökonomisch
physiognomisch

OMM

ich bekomm
er erklomm
fromm

er glomm
komm!
vom
der Willkomm

OMMEL

die Bommel
die Rohrdommel
die Trommel

OMMEN

das Abkommen
beklommen
bekommen
benommen
davonkommen
das Einkommen
entgegenkommen
entkommen
die Frommen
frommen
glommen
sie klommen
kommen
umkommen
unbenommen
verkommen
vernommen
verschwommen
vorkommen
vollkommen
das Willkommen
willkommen

OMMER

der Altweibersommer
ein Frommer
der Sommer
ein Zuspätkommer

OMMT

es frommt
ihr kommt
prompt

ON

die Absolution
die Abstraktion
die Akzelleration
die Akklamation
die Akkumalation
die Aktion
die Addition
die Administration
die Adoption
die Agglomeration
die Aggression
die Agitation
die Alimentation
die Ambition
die Amortisation
die Amputation
die Animation
die Antizipation
die Appellation
die Applikation

die Appropriation
die Argumentation
der Argwohn
die Attraktion
die Auktion
die Aversion
der Balkon
der Ballon
der Baron
die Bastion
der Bariton
das Bataillon
die Billion
die Deklamation
die Deklaration
die Definition
die Defloration
die Deformation
die Degeneration
die Delegation
die Demonstration
die Deportation
die Depression
die Depression
die Deputation
die Desertion
die Destillation
die Determination
die Detonation
die Devotion
die Diktion
die Dimension
die Direktion
die Diskretion
die Diskussion
die Disputation
die Dissertation
die Distribution
die Division
die Domestikation
die Edition
die Ejakulation
die Emanzipation
die Emission
die Emotion
die Emulsion
die Erektion
die Eruption
die Evolution
die Exkursion
die Expansion
die Expedition
die Explosion
die Fabrikation
die Faszination
die Fiktion
die Föderation
die Fraktion
der Fron
die Frustation
die Fusion
die Garnison
die Generation
die Gratifikation
die Gratulation
die Gravitation
der Hohn
die Identifikation
die Illumination
die Imitation

die Immission
die Impression
die Inkarnation
die Indikation
die Induktion
die Infektion
die Inflation
die Information
die Infusion
die Inhalation
die Injektion
die Innovation
die Inquisition
die Inspektion
die Inspiration
die Installation
die Institution
die Instruktion
die Intention
die Interpunktion
die Intervention
die Intuition
die Invasion
die Kalkulation
der Kanton
die Kapitulation
die Kastration
die Kaution
die Klassifikation
die Koalition
die Kollektion
die Kollision
die Kolonisation
die Kombination
die Kommission
die Kommunion
die Kompensation
die Komposition
die Kompression
die Konzentration
die Konzession
die Konkretion
die Konfektion
die Konfession
die Konfiguration
die Konfirmation
die Konfiscation
die Konföderation
die Konfrontation
die Konfusion
die Konservation
die Konstellation
die Konstellation
die Konstutition
die Konstruktion
die Konsultation
die Kontemplation
die Kontraktion
die Kontradiktion
die Konvention
die Konversation
die Kooperation
die Koordination
die Kopulation
die Korporation
die Korrelation
die Korruption
die Kulmination
die Legion
die Lektion

die Legitimation
die Liquidation
der Lohn
das Magnetophon
die Manifestation
die Manipulation
die Meditation
die Menstruation
die Million
die Mission
die Modifikation
die Modulation
der Mohn
monoton
die Multiplikation
die Munition
die Mystifikation
die Nation
die Navigation
die Negation
die Obduktion
die Obligation
die Oberservation
die Obstruktion
die Okkupation
die Operation
die Opposition
die Option
die Organisation
die Ovation
die Oxydation
die Partizipation
die Passion
der Patron
die Penetration
die Pension
das Pentagon
die Perkussion
die Perfektion
die Perforation
die Person
die Personifikation
die Perversion
die Petition
die Pollution
die Portion
die Präzision
die Prädestination
die Präsentation
die Prävention
die Prozession
die Proklamation
die Produktion
die Profession
die Prohibition
die Projektion
die Promotion
die Proportion
die Prostitution
die Provision
die Provokation
die Publikation
die Ration
die Reaktion
die Realisation
die Rebellion
die Rezeption
die Rezitation
die Reklamation
die Redaktion

die Reduktion
die Reflexion
die Region
die Regresion
die Regulation
die Rehabilitation
die Relation
die Religion
die Reparation
die Repräsentation
die Repression
die Reservation
die Resignation
die Restauration
die Restriktion
die Revision
die Revolution
dic Rotation
die Sanktion
die Satisfaktion
schon
die Schwadron
die Sektion
die Sensation
die Separation
die Session
der Sermon
die Sezession
die Situation
der Skorpion
der Sohn
die Spekulation
die Spedition
der Spion
die Station
die Sublimation
die Substitution
die Subtraktion
der Thron
der Ton
die Tradition
die Transaktion
die Transfusion
die Transmission
die Transspiration
die Transplantation
die Trillion
die Union
die Usurpation
die Variation
die Vegetation
die Ventilation
die Version
die Vibration
die Vision
die Zentralisation
die Zirkulation
die Zivilisation
der Zyklon

ON

das Akkordcon
das Albion
Babylon
der Bariton
das Chamäleon
davon
das Distichon
hiervon

das Lexikon
Oberon
das Pantheon
die Sonn'
das Stadion
von
wovon

ON

allons !
der Balkon
der Ballon
der Beton
der Bon
das Bonbon
der Champignon
der Chiffon
die Fasson
der Karton
der Kokon
der Kompagnon
der Kordon
der Kupon
der Lampion
die Liaison
das Medaillon
das Pardon
der Pavillon
der Perron
die Räson
die Saison
der Salon
der Talon
das Tampon

ONA

Ancona
Barcelona
Desdemona
die Korona
Latona
die Patrona
in persona
Pomona

OND

blond
der Fond
der Plafond

ONDE-EN

die Blonde
die Ronde
die Sonde

ONE

die Aeone
die Amazone
die Anemone
die Bohne
der Cicerone
die Drohne
die Epigone
zum Hohne
die Kanone
die Kanzone

der Kommilitone
die Krone
die Limone
zum Lohne
die Makrone
die Marone
die Matrone
die Melone
der monotone
die None
ohne
die Patrone
die Schablone
der Teutone
die Zitrone
die Zone
zweifelsohne

ONEN

belohnen
betonen
bewohnen
entlohnen
entthronen
die Epigonen
fronen
lohnen
die Regionen
die Schablonen
schonen
thronen
verschonen
vertonen
wohnen

ONER

der Anwohner
der Bewohner
der Dragoner
der Einwohner
der Entlohner
ein monotoner
der Schoner (Schiff)
der Schoner (Schutzdecke)
der Vertoner
der Ureinwohner

ONERN

bohnern
den Bewohnern

ONG

der Gong
das Pingpong
der Song

ONG

der Affront
der Balkon
der Ballon
der Bon
Bonbon
Bouillon
der Karton
der Champignon
der Champion

der Chanson
der Coupon
der Kokon
der Kordon
die Fasson
der Flacon
der Fond
der Jargon
die Liaison
das Medaillon
der Pardon
der Pavillon
der Ponton
der Postillon
die Raison
die Saison
der Salon

ONIG

bohnig
der Honig
tonig

ONIK

die Architektonik
die Chronik
die Diatonik
die Elektronik
die Gnomonik
die Harmonik
die Kataphonik
die Mnemonik
die Stratonik

ONISCH-ISCHS

agonisch
architektonisch
babylonisch
chronisch
dämonisch
diatonisch
drakonisch
elektronisch
harmonisch
hegemonisch
ironisch
kanonisch
konisch
lakonisch
philharmonisch
platonisch
salomonisch
telefonisch
tonisch

ONNE

die Kolonne
die Nonne
die Sonne
die Tonne
die Wonne

ONNEN

besonnen
entronnen
geronnen

gesponnen
gewonnen
den Kolonnen
die Sonnen
sonnen
unbesonnen
versponnen
voller Wonnen
zerronnen

ONNIG-IGS

sonnig
wonnig

ONT-ONNT

der Affront
betont
bewohnt
gewohnt
entlohnt
der Mond
er thront
verschont
verwohnt

ONT

besonnt
blond
der Diskont
die Front
gekonnt
der Horizont

ONUNG

die Betonung
die Belohnung
die Entlohnung
die Entthronung
die Schonung
die Vertonung
die Wohnung

ONZE

der Bonze
die Bronze

ONZEN

die Bonzen
bronzen

OP

das Horoskop
das Kaleidoskop
das Mikroskop
das Teleskop
der Misanthrop
das Periskop
der Philantrop
der Pop
(dazu obd)

OPE

die Antilope

die Horoskope
die Mikroskope
die Periskope
der Pope
die Teleskope
der Trope

OPF

der Feuerkopf
das Geklopf
der Kopf
ich klopf
der Knopf
der Kropf
der Pfropf
der Schopf
ich stopf
der Topf
der Tropf
der Wiedehopf
der Wuschelkopf
der Zopf

OPFE

das Geklopfe
am Kopfe
ich pfropfe
im Topfe
ich tropfe

OPFEN

ausstopfen
der Hopfen
klopfen
den Pfropfen
pfropfen
stopfen
verstopfen
tropfen
der Tropfen

OPFER

das Opfer
der Klopfer
der Stopfer

OPFT

aufgepfropft
ausgestopft
er klopft
er tropft
verstopft
verzopft

OPFUNG

die Pfropfung
die Verstopfung

OPISCH-ISCHS

mikroskopisch
philantropisch
tropisch
utopisch

OPP-OP

der Bob
darob
drob
der Flop
ich fopp
der Galopp
grob
hopp!
der Job
der Knopp
der Kopp
der Mob
derMop
salopp
der Snob
stopp!
der Topp

OPPE

ich foppe
im Galoppe
die Joppe
die Koppe
die Kloppe
die Noppe
der saloppe
ich stoppe

OPPEL

das Doppel
das Gehoppel
das Gestoppel
hoppeldipoppel!
die Koppel
das Koppel
der Moppel
die Stoppel
ich verdoppel

OPPELN

doppeln
hoppeln
koppeln
stoppeln
verdoppeln
zusammenstoppeln

OPPELT

doppelt
er hoppelt
er koppelt
er stoppelt
verdoppelt
zusammengstoppelt

OPPEN

foppen
die Joppen
die Noppen
einen saloppen
der Schoppen
stoppen
die Toppen

OPPT-OPT

bekloppt
er foppt
gestoppt
er stoppt

OPS

die Drops
ein Hops
ein Klops
ein Mops
ob's
des Snobs

OPSE

das Gehopse
die Klopse
die Mopse
die Synopse

OPSEN

hopsen
mopsen

OR

bevor
ich bohr
der Chor
das Chlor
empor
der Faktor
der Flor
das Fort
hervor
der Humor
der Komfort
das Kontor
das Korps
der Korridor
der Major
der Matador
das Meteor
der Mohr
das Moor
das Ohr
der Pastor
das Ressort
das Rohr
er schor
er schwor
sonor
der Tenor
der Tor
das Tor
der Tresor
vor
wovor
zuvor

OR

der Kantor
der Kreditor
der Debitor
junior

der Monitor
der Senior

ORA

die Amphora
das Angora
die Aurora
die Bora
Eleonora
die Flora
die Hora
ora et labora
Pandora
die Signora
die Thora

ORBEN

erworben
gestorben
umworben
verdorben

ORCH

horch!
der Storch

ORD

der Akkord
das Bord
der Lord
der Mord

ORDE

am Borde
die Fjorde
die Horde
ich morde
die Morde

ORDEN

geworden
ermorden
morden
der Norden
der Orden

ORDERN

die Altvordern
anfordern
auffordern
beordern
erfordern
fordern
überfordern
die vordern

ORDISCII-ISCHS

gordisch
nordisch

ORDNEN

ordnen

die gewordnen
verordnen

ORE

ich bohre
im Chore
die Empore
die Fohre
das Furore
die Hore
die Lore
der Monsignore
die Moore
die Pore
ich schmore
die Spore

OREN

die Aggressoren
anbohren
angeboren
auserkoren
die Autoren
beschworen
bohren
die Direktoren
die Doktoren
eingeboren
erfroren
erkoren
die Faktoren
sie froren
geboren
gegoren
geschoren
die Gladiatoren
die Kantoren
die Mohren
die Motoren
die Ohren
die Poren
die Professoren
rumoren
schmoren
sie schoren
sie schworen
die Sektoren
die Senioren
die Sporen
vor den Toren
die Traktoren
ungeschoren
unverfroren
unverloren
verfroren
verloren
verschworen

ORER

ein sonorer
der Bohrer

ORES

kapores
ich erkor es
Mores (lehren)

des Moores
des Rohres
ich verlor es

ORF

das Dorf
der Schorf
der Torf

ORGE

die Sorge
ich verborge
ich versorge

ORGEN

besorgen
borgen
geborgen
der Morgen
morgen
verborgen
versorgen
vorsorgen

ORGER-ERN-ERS

der Besorger
der Seelsorger

ORIE

die Glorie
die Historie
die Zichorie

ORIG-IGS

humorig
kurzohrig
langohrig
moorig
vorig

ORIK

die Historik
die Rhetorik

ORISCH-ISCHS

allegorisch
diktatorisch
dorisch
historisch
illusorisch
inquisitorisch
kategorisch
metaphorisch
notorisch
obligatorisch
provisiorisch
rhetorisch

ORIUM

das Brimborium
das Emporium

ORKE

die Borke
ich entkorke
die Forke
ich knorke
die Korke
die Lorke

ORKEN

die Borken
entkorken
die Korken
die Lorken

ORM

abnorm
enorm
die Form
konform
die Norm
die Plattform
die Reform
die Uniform

ORMEN

formen
normen

ORN

der Ahorn
der Born
der Dorn
das Einhorn
das Horn
das Korn
marmorn
der Sporn
vorn
der Zorn

ORNE

die Norne
ich sporne
ich verballhorne
von vorne
im Zorne

ORNEN

anspornen
die Dornen
die Nornen
die verwornen

ORNIG-IGS

dornig
hornig
zornig

ORREN

der Knorren
schnorren

verdorren
verworren

ORSCH

der Dorsch
forsch
morsch

ORSCHEN

den Dorschen
erforschen
forschen
die morschen
vermorschen

ORSCHER

der Forscher
ein forscher
ein morscher

ORSCHT

er forscht
unerforscht
vermorscht

ORST

durchforst!
der Forst
der Horst
er morst
du schnorrst
du verdorrst

ORSTE

die Borste
im Forste
im Horste
ich morste

ORSTEN

aufforsten
geborsten
den Forsten
horsten
sie morsten

ORT

umflort
ihr frort

ORT

der Abort
der Akkord
die Antwort
das Bord
dort
der Fjord
fort
das Fort
hinfort
der Hort

immerfort
der Import
der Kord
der Lord
der Mord
Nord
der Ort
der ort
der Rapport
der Rekord
der Tort
der Transport
verdorrt
das Wort

ORTE

die Borte
die Eskorte
forte
die Kohorte
die Konsorte
die Orte
die Pforte
die Retorte
er schnorrte
die Sorte
die Torte
die Worte

ORTEN

allerorten
antworten
von dorten
horten
orten
die Sorten
die Torten
verantworten

ORTIG-IGS

bortig
dortig
vielsortig

ORTUNG

die Ortung
die Verantwortung

OS-Oẞ-OOS

absichtslos
ahnungslos
anspruchslos
atemlos
ausdruckslos
bedeutungslos
bedingungslos
beispielslos
bloß
burschikos
dubios
erbarmungslos
famos
fassungslos
fehlerlos
fleckenlos

furios
das Floß
gedankenlos
der Gernegroß
gewissenlos
der Gnadensto?
es goß
grandios
grenzenlos
groß
heimatlos
hoiffnungslos
kinderlos
der Kloß
kurios
das Los
los
makellos
mitleidslos
das Moos
mühelos
namenlos
regellos
rettungslos
rigoros
der Rippenstoß
rücksichtslos
schonungslos
der Schoß
schrankenlos
seelenlos
sittenlos
der Stoß
tatenlos
tränenlos
der Trauerkloß
der Verstoß
virtuos
wesenlos
wirkungslos
wolkenlos
der Zusammenstoß

OS-Oß

der Amboß
der Albatros
er beschloß
er beschoß
der Boß
das Dachgeschoß
er entschloß
das Erdgeschoß
er genoß
das Geschoß
es goß
das Gros
der Koloß
kroß
das Obergeschoß
das Rhinozeros
das Roß
er schoß
er schloß
das Schloß (Burg)
das Schloß (Sicherung)
es sproß
der Sproß
der Troß
das Untergeschoß

OSCH

ich drosch
der Frosch
er verlosch

OSCHE

die Brosche
die Eloge
die Galosche
die Gosche
dem Frosche
die Loge

OSCHEN

abgedroschen
die Broschen
sie droschen
erloschen
die Galoschen
die Goschen
der Groschen

OSE/OßE

die Aprikose
die Arthrose
die bloße
die Chose
die Diagnose
die Dose
der Franzose
das Gekose
das Getose
der Große
die Heckenrose
die Herbstzeitlose
die Hose
die Hypnose
die Kolchose
die kuriose
lose
ich liebkose
der Matrose
die Matamorphose
die Mimose
die Moose
die Narkose
die Neurose
die Pose
die Prognose
die Psychose
die Rose
im Schoße
das Seelenlose
der sittenlose
die Soße
ich stoße
die Symiose
die Unterhose
ich verlose
der Virtuose
die Windrose

OSEN/OSSEN

das Almosen
bemoosen

die Dosen
sich erbosen
die Franzosen
kosen
liebkosen
losen
die Namenlosen
die Spirituosen
stoßen
tosen
verstoßen
verwahrlosen
zustoßen

OSIG-IGS

moosig
rosig

OSSE

die Albatrosse
die Karosse
die Flosse
die Gosse
der Genosse
die Glosse
die Posse
die Rosse
die Sprosse

OSSEL

das Gebossel
die Drossel

OSSELN

bosseln
drosseln
die Drosseln
erdrosseln

OSSEN

abgegossen
angegossen
augegossen
aufgeschlossen
aufgeschossen
begossen
beschlossen
den Bossen
entschlossen
entsprossen
erschlossen
erschossen
sie flossen
sie genossen
den Genossen
den Geschossen
sie gossen
hingegossen
meerumflossen
die Possen
sie schlossen
sie schossen
die Sommersprossen
sprossen
unverdrossen
verdrossen

verflossen
vergossen
verschlossen
verschossen
zerflossen
zerschossen

OST

ausgelost
behost
bemoost
der Dost
der Frost
getrost
ihr goßt
der Kompost
die Kost
ich kost
der Most
Ost
die Post
der Rost
der Toast
der Trost
er verlost

OSTE

mich erboste
dem Froste
ich koste
ich roste
es sproßte
zum Troste

OSTEN

kosten
die Kosten
sie losten
der Osten
die Pfosten
der Posten (Stellung)
der Posten (Wache)
rosten

OSTEN

die erbosten
die behosten
die bemoosten
die getrosten
sie losten

OSTER

ein erboster
ein getroster
das Kloster
der Paternoster

OSTIG-IGS

frostig
rostig

OSUNG

Liebkosung
die Losung

die Verlosung
die Verwahrlosung

OT-OTT

der Bankrott
bigott
das Komplott
der Kompott
das Fagot
flott
der Gott
das Jot
der Idiot
der Pott
der Patriot
der Schott
das Schaffot
der Spott
der Trott

OT

das Angebot
das Aufgebot
das Abendrot
die Atemnot
bedroht
das Boot
er bot
das Brot
der Despot
devot
der Exot
das Gebot
der Heldentod
der Hungertod
der Idiot
das Jod
kommod
der Kot
das Lot
marod
das Morgenrot
die Not
der Pilot
rot
das Rot
der Schlot
das Schrot
der Soldatentod
der Tod
tot
das Verbot
verloht
verroht

OTE

die Anekdote
die Boote
der Bote
die devote
ich drohte
der Exote
die Gebote
der Götterbote
im Lote
es lohte
die Note

die Pfote
die Quote
die Rote
die Schote
der Tote
der Unglücksbote
die Zote

OTEN

ausbooten
sie bedrohten
sie boten
sie drohten
sie entboten
geboten
geschroten
der Knoten
knoten
nach Noten
die Piloten
die Quoten
den Schloten
schroten
die Toten
verboten
die verrohten

OTIG-IK

die Erotik
die Gotik
kotig
knotig
zotig

OTISCH-ISCHS

chaotisch
despotisch
erotisch
exotisch
gotisch
hypnotisch
idiotisch
narkotisch
neurotisch
zelotisch

OTO

das Foto
das Toto

OTOR

der Motor
der Rotor

OTT

der Bankrott
bigott
der Boykott
Don Quichotte
das Fagott
flott
Gott
der Hottentott
Hüh und Hott
das Komplott

das Kompott
der Pott
das Schafott
das Schott
der Schrott
der Spott

OTTE-OTE

die Bergamotte
der bigotte
Charlotte
eine flotte
die Flotte
die Gavotte
die Grotte
der Hottentote
der Hugenotte
die Karotte
die Klamotte
die Kokotte
die Komplotte
die Marotte
die Motte
die Rotte
die Schalotte
die Schamotte
die Sprotte
ich trotte
ich verschrotte
die Zotte

OTTEL

das Gezottel
die Trottel
der Zottel

OTTELN

die Trotteln
zotteln
den Zotteln

OTTELT

er trottelt
vertrottelt
verzottelt

OTTEN

aussrotten
einmotten
die flotten
die Flotten
gesotten
die Grotten
hartgesotten
die Kotten
die Schotten
spotten
trotten
verrotten
verspotten
zusammenrotten

OTTER

ein bigotter

das Dotter
ein flotter
das Geschlotter
das Gestotter
die Otter
der Schotter

OTTERN

schlottern
stottern
verlottern

OTTERT

beschottert
er schlottert
verlottert

OTTET

ausgerottet
eingemottet
er spottet
er trottet
verrottet
verschrottet
verspottet

OTTICH

der Bottich
trott ich
verspott ich
zottig

OTTISCH-ISCHS

idiotisch
patriotisch

OTTO

das Lotto
das Motto
das Risotto

OTTUNG

die Ausrottung
die Einmottung
die Verspottung

OVE

die Stove

OVEN

der Alkoven

OX

die Box
orthodox
paradox

OXE

das Geboxe
die Boxe

OXEN

boxen
die Boxen

OXER

der Boxer
ein orthodoxer

OY-OI

der Boy
der Konvoy

OJE

die Boje
die Koje

OTZ

ich glotz
der Klotz
des Komplotts
potz
der Protz
der Rotz
des Schafotts
der Trotz

OTZE

die Glotze
die Kotze
zum Trotze

OTZEN

glotzen
kotzen
klotzen
motzen
protzen
anrotzen
schmarotzen
trotzen

OTZIG

klotzig
protzig
rotzig
trotzig

Reimendungen mit dem Anfangsbuchstaben

U

DAS U

das Atout
der Clou
der Coup
dazu
das Dessous
du
der Filou
das Getu
das Gnu
die Handschuh
Hemmschuh
herzu
hinzu
huhu!
immerzu
das Interview
der Kakadu
das Känguruh
das Kanu
die Kuh
der Marabu
muh!
nanu
im Nu
partout
das Passepartout
puh!
das Ragout
das Rendezvous
ich ruh
Schmu
der Schuh
tabu
die Truh'
ich tu
der Uhu
zu

UB

der Beelzebub
der Bub
der Cherub
der Club
er grub
der Hub
der Schub

UBBEN

die Knubben
schrubben

UBBER

das Geblubber
der Schrubber

UBBERN

blubbern
den Schrubbern

UBE

der Bube
die Grube
die Stube
die Tube

UBEL

das Gejubel
der Jubel
der Rubel
der Trubel

UBELN

aufjubeln
jubeln
den Rubeln
verjubeln

UBEN

die Buben
die Gruben
sie gruben
die Lausbuben
die Stuben

UCH

der Besuch
das Buch
der Fluch
das Gesuch
das Halstuch
das Hungertuch
das Liederbuch
das Tagebuch
das Tuch
der Versuch
das Wörterbuch

UCH

der Anspruch
der Ausspruch
der Bruch
der Eunuch
der Friedensbruch
der Geruch
der Spruch
der Widerspruch
der Wolkenbruch
der Zuspruch

UCHE

die Buche
ich buche
das Gefluche
die Gesuche
am Hungertuche
die Suche
ich verfluche
die Versuche

UCHEN

das Ansuchen
besuchen
die Buchen
buchen
ersuchen
fluchen
den Gesuchen
der Kuchen
suchen

untersuchen
verfluchen
versuchen

UCHER

der Besucher
der Sucher
der Versucher
der Wucher

UCHERN

wuchern
den Versuchern

UCHS

flugs
des Flugs
der Fuchs
der Jux
der Luchs
keinen Mucks
ich verjux
der Wuchs
des Zugs

UCHSEN

abluchsen
drucksen
fuchsen
glucksen
luchsen
den Luchsen
mucksen
verjuxen

UCHST

abgeluchst
du druckst
gemuckst
herumgedruckst
verjuxt

UCHT

betucht
die Bucht
die Eifersucht
die Flucht
die Frucht
die Schlucht
die Sucht
verflucht
verrucht
versucht
die Wucht
die Zucht

UCHTEN

befruchten
einbuchten
sie besuchten
sie buchten
die Buchten
fruchten
die Juchten

die Verfluchten
die Verruchten
wuchten
die Zimmerfluchten

UCHTET

ausgebuchtet
ausgewuchtet
befruchtet
eingebuchtet
es fruchtet
hochgewuchtet
er wuchtet

UCHTIG

buchtig
schluchtig
wuchtig

UCHTUNG

die Ausbuchtung
die Befruchtung
die Einbuchtung

UCHUNG

Durchsuchung
die Buchung
die Heimsuchung
die Untersuchung
die Verfluchung
die Versuchung

UCHZ

juchz!
das Gejuchz
schluchz!
das Geschluchz

UCHZEN

juchzen
schluchzen

UCHZER-ERN-ERS

der Juchzer
der Schluchzer

UCK

der Ausdruck
der Druck
der Eindruck
gluck, gluck!
guck!
der Puck
der Ruck
der Schluck
der Schmuck
schmuck
der Stuck
tucktuck!

UCKE

die Glucke

die Hucke
das Gejucke
die Heidschnucke
meschugge
die Mucke
die Schlucke
dem Schmucke
eine schmucke
die Schnucke
die Spucke

UCKEL

der Buckel
das Geruckel
das Geschuckel
das Gezuckel
die Nuckel

UCKELN

aufbuckeln
aufhuckeln
buckeln
katzbuckeln
nuckeln
ruckeln
schuckeln
zuckeln

UCKEN

aufmucken
drucken
ducken
glucken
gucken
jucken
mucken
rucken
schlucken
einen schmucken
spucken
verschlucken
zucken
das Zucken
zusammenzucken

UCKER

der Drucker
der Gucker
der Operngucker
ein armer Schlucker
ein schmucker
der Sterngucker
der Topfgucker
der Zucker

UCKSEN

drucksen
glucksen

UCKT

der Aquädukt
gedruckt
geduckt
er guckt

er juckt
das Produkt
verschluckt

UD

er lud
der Absud
der Sud
(dazu ut)

UDDELN

buddeln
schmuddeln
schnuddeln

UDE

die Bude
der Drude
der Jude
der Lude

UDEL

das Gedudel
das Gehudel
das Gesudel
die Nudel
der Pudel
das Rudel
der Sprudel
der Strudel (Wasser)
der Strudel (Kuchen)

UDELN

besudeln
dudeln
hudeln
lobhudeln
die Nudeln
nudeln
in Rudeln
sudeln
sprudeln
trudeln

UDEN

die Buden
die Druden
die Juden
sie luden
den Luden

UDER

der Bruder
das Fuder
das Geschluder
das Luder
der Puder
das Ruder
der Schindluder

UDERN

anludern
bepudern

den Fudern
pudern
rudern
schludern
verludern

UDERT

gepudert
geschludert
er rudert
der schludert
er verludert

UDLER-ERN-ERS

der Hudler
der Sudler

Ü

das Atü
die Avenue
das Bellevue
das Debut
früh
ich glüh'
hü!
die Liebesmüh'
die Müh'
das Menü
der Parvenü
perdu
die Revue
in der Früh

ÜB

betrüb'
er grüb'
der Polyp
stereotyp
trüb
der Typ
ich üb'

ÜBCHEN

ein Bübchen
das Grübchen
das Rübchen
das Stübchen

ÜBE

ich grübe
die Rübe
die Schübe
trübe
ich übe

ÜBEL

das Bübel
der Dübel
das Gegrübel
der Kübel
das Stübel
übel
das Übel
ich verübel

ÜBELN

dübeln
grübeln
den Übeln
verübeln

ÜBEN

betrüben
drüben
hüben
die Rüben
üben
trüben
im Trüben
verüben

ÜBER

darüber
drüber
gegenüber
herüber
hinüber
Nasenstüber
über
ein trüber
vornüber
vorüber

ÜBLEIN

das Büblein
das Stüblein

ÜBLER

ein übler
der Grübler

ÜBLICH

betrüblich
trüblich
üblich

ÜBT

betrübt
geübt
ihr übt

ÜBUNG

die Betrübung
die Trübung
die Übung

ÜCHE

die Brüche
die Gerüche
die Küche
die Sprüche
die Widersprüche

ÜCHER

Blücher
die Bücher

die Tagebücher
die Tücher
die Wörterbücher

ÜCHIG

anrüchig
brüchig
wortbrüchig

ÜCHLEIN

das Küchlein
das Sprüchlein

ÜCHLICH-ICHS

unverbrüchlich
widersprüchlich

ÜCHSE

die Büchse
die Füchse

ÜCHSLEIN

das Büchslein
das Füchslein

ÜCHT

das Gerücht
das Gezücht
ich zücht

ÜCHTE

ich flüchte
die Früchte
die Gerüchte
das Gezüchte
die Süchte
ich züchte

ÜCHTEN

flüchten
den Früchten
den Gerüchten
den Süchten
züchten

ÜCHTER

ich ernüchter
ich schüchter (ein)
der Züchter

ÜCHTERN

einschüchtern
ernüchtern
nüchtern
schüchtern
den Züchtern

ÜCHTERT

eingeschüchtert
ernüchtert

ÜCHTIG

eifersüchtig
flüchtig
süchtig
tüchtig
züchtig

ÜCHTIGEN

ertüchtigen
die Süchtigen
die tüchtigen
sich verflüchtigen
züchtigen

ÜCK

die Brück'
ich bück
drück!
ein Einzelstück
das Frühstück
das Glück
das Liebesglück
ein Meisterstück
das Mittelstück
rück!
das Stück
zurück

ÜCKCHEN

das Brückchen
das Mückchen
das Perückchen
das Schlückchen
das Stückchen

ÜCKE

ich beglücke
die Brücke
im Glücke
die Krücke
die Lücke
die Mücke
die Perücke
die Schlücke
die Stücke
die Tücke
ich zerpflücke

ÜCKEN

bedrücken
beglücken
berücken
bücken
drücken
das Drücken
einrücken
entrücken
entzücken
das Entzücken
erdrücken
frühstücken
glücken
mißglücken
die Krücken

die Lücken
die Mücken
die Perücken
pflücken
rücken
der Rücken
schmücken
in Stücken
die Tücken
überbrücken
unterdrücken
zerpflücken
zücken

ÜCKEND

bedrückend
beglückend
berückend
drückend
erdrückend
entzückend
schmückend
überbrückend

ÜCKLICH

ausdrücklich
nachdrücklich
glücklich

ÜCKLING-INGS

der Bückling
rücklings

ÜCKS

des Glücks
hinterrücks
ich pflück's
ich schmück's

ÜCKT

bedrückt
beglückt
eingedrückt
entzückt
er pflückt
gebückt
es glückt
verrückt
verzückt

ÜCKUNG

die Bedrückung
die Beglückung
die Entrückung
die Entzückung
die Schmückung
die Überbrückung
die Unterdrückung
die Verzückung

ÜDE

ich ermüde
die Etüde
müde

die Platitüde
eine Prüde
prüde
die Rüde
rüde

ÜDEN

ermüden
sie lüden
die Müden
die Rüden
der Süden

ÜDER

die Brüder
ein müder
ein prüder
ein rüder

ÜDLICH-ICHS

unermüdlich
südlich

ÜFEN

prüfen
sie schüfen

ÜFER-ERN-ERS

der Küfer
der Prüfer

ÜFFE

ich verblüffe
die Knüffe
die Püffe

ÜFFEL

der Büffel
das Gebüffel
das Geschnüffel
der Rüffel
schnüffel
der Süffel
die Trüffel

ÜFFELN

den Büffeln
büffeln
müffeln
rüffeln
schnüffeln
süffeln
den Trüffeln

ÜFFEN

den Knüffen
die Püffen
verblüffen

ÜFT

er prüft

ihr erschüft
schwergeprüft

ÜFT

die Düft'
ich lüft'
verblüfft

ÜFTE

die Düfte
die Grüfte
die Hüfte
die Klüfte
die Lüfte
ich verblüffte

ÜFTEN

den Düften
den Grüften
die Hüften
den Klüften
den Lüften
lüften
sie verblüfften
zerklüften

ÜFTET

gelüftet
ihr lüftet
ihr verblüfftet
zerklüftet

ÜGE

die Bezüge (Geld)
die Bezüge (Überzüge)
die Bezüge (Beziehung)
die Charakterzüge
die Eisenbahnzüge
die Flüge
ich früge
das Gefüge
zur Genüge
die Krüge
die Lüge
die Pflüge
die Rüge
ich schlüge
die Sonderzüge
die Straßenzüge
ich trüge
die Winkelzüge
die Züge

ÜGEL

der Bügel
der Flügel
das Geflügel
der Hügel
die Prügel
das Zügel

ÜGELN

ausbügeln
ausklügeln

beflügeln
bügeln
mit den Flügeln
auf den Hügeln
prügeln
überflügeln
verprügeln
zügeln

ÜGEN

sich begnügen
belügen
betrügen
fügen
sie frügen
genügen
lügen
die Lügen
pflügen
rügen
trügen
verfügen
vergnügen
das Vergnügen
zufügen
in vollen Zügen

ÜGER

der Betrüger
klüger
der Krüger
der Pflüger
ein ungefüger

ÜGLER

der Ausbügler
der Ausflügler
der Vierflügler
der Nachzügler

ÜGLICH

abzüglich
anzüglich
bezüglich
diesbezüglich
füglich
klüglich
untrüglich
unverzüglich
vergnüglich
vorzüglich

ÜGSAM

fügsam
genügsam

ÜGT

ihr frügt
es genügt
er pflügt
er rügt
ihr schlügt
umgepflügt
vergnügt
wohlgefügt

ÜHE

die Brühe
die Frühe
eine frühe
ich glühe
die Kühe
die Mühe
ich sprühe

ÜHEN

aufblühen
aufbrühen
erblühen
bemühen
blühen
brühen
erblühen
erglühen
glühen
mühen
die Mühen
die Revuen
sprühen
verblühen
verfrühen
verglühen
versprühen

ÜL-ÜHL

das Angstgefühl
das Gefühl
das Gestühl
das Gewühl
der Brühl
das Fingerspitzengefühl
ich fühl
kühl
das Kalkül
das Mitgefühl
das Molekül
der Pfühl
das Schamgefühl
schwül
das Vestibül

ÜLE

die Abendkühle
die Gefühle
die Gewitterschwüle
das Gewühle
die Kanüle
die Kühle
die Morgenkühle
die Mühle
die Sägemühle
die Schwüle
ich spüle
die Stühle
ich wühle

ÜLEN

aufwühlen
fühlen
den Gefühlen
kühlen

die Mühlen
die schwülen
spülen
den Stühlen
wühlen
zerwühlen

ÜLER

der Fühler
der Kühler
ein kühler
der Schüler
ein schwüler
der Spüler
der Tellerspüler
der Wühler

ÜLL

der Beryll
ich brüll
das Chlorophyll
das Gebrüll
ich füll
das Idyll
der Müll
der Tüll

ÜLLE

ich enthülle
die Fülle
das Gebrülle
die Hülle
die Idylle
knülle
die Tülle
ich zerknülle

ÜLLEN

brüllen
füllen
das Füllen
hüllen
die Hüllen
knüllen

ÜLLER

der Brüller
der Erfüller
der Füller
der Knüller
der Müller

ÜLLING-INGS

der Trilling
der Zwilling

ÜLLT

erfüllt
verhüllt

ÜLLUNG

die Enthüllung

die Erfüllung
die Füllung
die Verhüllung
die Zerknüllung

ÜLT

abgekühlt
aufgewühlt
angespült
ausgespült
er fühlt
gespült
gefühlt
gekühlt
tiefgekühlt
zerwühlt

ÜLUNG

die Fühlung
die Spülung
die Kühlung
die Zerwühlung

ÜM-ÜHM

anonym
das Kostüm
das Pseudonym
ich rühm
das Synonym
ungestüm
das Ungestüm
das Ungetüm

ÜMCHEN-ENS

das Blümchen
das Kostümchen
das Krümchen

ÜME

ich rühme
die Pseudonyme
die Ungetüme
der ungestüme

ÜMEN

den Kostümen
rühmen
die ungestümen
verblümen

ÜMER

die Altertümer
die Bistümer
der Eigentümer
die Fürstentümer
die Heiligtümer
die Herzogtümer
die Irrtümer
ein ungestümer

ÜMLEIN

das Blümlein
das Krümlein

ÜMLICH

altertümlich
deutschtümlich
eigentümlich
irrtümlich
volkstümlich
rühmlich
unrühmlich

ÜMMEL

das Getümmel
das Herumgelümmel
der Kümmel
der Lümmel
der Mümmel
ich verstümmel

ÜMMELN

lümmeln
den Lümmeln
mümmeln
tümmeln (sich)
verstümmeln

ÜMMER

dümmer
krümmer
ich kümmer
die Trümmer
ich verkümmer
ich zertrümmer

ÜMMERN

bekümmern
einen dümmern
kümmern
unter Trümmern
verkümmern
zertrümmern

ÜMMERT

verkümmert
zertrümmert

ÜMPCHEN

das Klümpchen
das Lümpchen

ÜMPEL

das Gerümpel
der Tümpel

ÜMPELN

ausrümpeln
entrümpeln
den Tümpeln

ÜMPER

der Krümper
der Stümper
ich stümper

ÜMPFCHEN

das Stümpfchen
das Strümpfchen
das Trümpfchen

ÜMPFE

die Rümpfe
ich rümpfe
die Sümpfe
die Stümpfe
die Strümpfe
die Trümpfe

ÜMPFEN

rümpfen
den Sümpfen
den Stümpfen

ÜMT

berühmt
geblümt
er rühmt
unverblümt

ÜN-ÜHN

blühn
glühn
grün
das Immergrün
kühn

ÜNDCHEN

das Bündchen
das Hündchen
das Mündchen
das Stündchen

ÜNDE

die Bünde
die Gründe
ich gründe
ich künde
die Pfründe
die Schlünde
ich stünde
die Sünde

ÜNDEL

das Bündel
der Mündel

ÜNDELN

bündeln
gründeln
zündeln

ÜNDEN

anzünden
begründen
einmünden
entzünden

ergründen
gründen
den Gründen
künden
münden
die Sünden
verbünden
verkünden
zünden

ÜNDER

der Begründer
der Ergründer
gesünder
der Gründer
die Pfünder
der Sünder
der Verkünder
die Vormünder
die Zünder

ÜNDERN

den Gründern
die gesündern
plündern

ÜNDIG

bündig
fündig
hintergründig
mündig
pfündig
sündig
stündig
tiefgründig
vordergründig

ÜNDIGEN

die bündigen
entmündigen
die hintergründigen
kündigen
sündigen
verkündigen

ÜNDISCH

bündisch
hündisch

ÜNDLICH

entzündlich
fernmündlich
gründlich
mündlich
stündlich
unergründlich

ÜNDUNG

die Begründung
die Entzündung
die Ergründung
die Gründung
die Mündung

die Verkündung
die Zündung

ÜNE

die Bühne
die Düne
eine grüne
ins Grüne
der Hüne
eine kühne
die Sühne
die Tribüne

ÜNEN

die Bühnen
erkühnen
im Grünen
grünen
die kühnen
sühnen
die Tribünen

ÜNER

ein grüner
die Hühner
ein kühner
der Sühner

ÜNFTE

die Auskünfte
ie Brünfte
der fünfte
die Zünfte
die Zusammenkünfte

ÜNFTIG

brünftig
künftig
vernünftig
zünftig

ÜNGE

ich dünge
die Sprünge

ÜNGELN

klüngeln
züngeln

ÜNGEN

düngen
sie schwüngen
sie sprüngen
den Sprüngen
verjüngen

ÜNGER

der Dünger
jünger
der Jünger
der Lieblingsjünger

ÜNGLING

der Jüngling
klingling!

ÜNKCHEN

das Fünkchen
das Strünkchen
das Trünkchen

ÜNKEN

dünken
das Gutdünken
den Strünken

ÜNSTE

die Feursbrünste
der dünnste
die Dünste
die Künste
der kühnste

ÜNSTIG

blutrünstig
brünstig
günstig
inbrünstig

ÜNSTIGEN

begünstigen
die brünstigen
die günstigen
vergünstigen

ÜNUNG

die Begrünung
die Dühnung
die Sühnung

ÜNZCHEN-ENS

das Ünzchen
das Münzchen
das Rapünzchen

ÜPFEN

entschlüpfen
hüpfen
knüpfen
lüpfen
schlüpfen
verknüpfen

ÜPFER

der Hüpfer
der Schlüpfer

ÜPPCHEN

das Grüppchen
das Püppchen
das Süppchen

ÜPPEL

der Knüppel
der Krüppel

ÜPPELN

knüppeln
den Knüppeln
den Krüppeln
niederknüppeln
verkrüppeln

ÜR-ÜHR

dafür
für
für und für
ich führ
die Gebühr
das Geschwür
das Gespür
die Kür
die Ouvertür
ich rühr
die Tür
die Wallkür
die Willkür
wofür

ÜRCHEN-ENS

das Figürchen
am Schnürchen
ein Spürchen
ein Türchen
ein Ührchen

ÜRDE

die Bürde
die Hürde
ich würde
die Würde
ich würde

ÜRDEN

aufbürden
die Bürden
Hochwürden
die Hürden
sie würden
die Würden

ÜRDIG

würdig
denkwürdig
ehrwürdig
glaubwürdig
liebenswürdig
merkwürdig
nichtswürdig
sehenswürdig
unwürdig

ÜRE

die Allüre

die Bordüre
die Broschüre
die Geschwüre
die Konfitüre
die Lektüre
die Maniküre
die Ouvertüre
die Pediküre
die Schnüre
ich schüre
die Schwüre
ich spüre
die Türe
die Walküre

ÜREN

abführen
anrühren
aufführen
berühren
die Broschüren
durchführen
entführen
fortführen
führen
fortführen
gebühren
die Gebühren
irreführen
die Konfitüren
küren
die Lektüren
maniküren
pediküren
rühren (bewegen)
rühren (das Gemüt)
schüren
schnüren
spüren
die Türen
überführen
umrühren
verführen
verrühren
vorführen
zuführen

ÜRER-ERN-ERS

der Anführer
der Aufrüher
der Führer

ÜRFE

das Geschürfe
die Entwürfe
ich schlürfe
ich schürfe
die Würfe
ich würfe

ÜRFEN

bedürfen
dürfen
schürfen
schlürfen
den Würfen

ÜRFNIS

das Bedürfnis
das Zerwürfnis

ÜRFTIG-IGS

dürftig
bedürftig
oh dürft' ich!

ÜRGE

der Bürge
ich bürge
ich erwürge
ich würge

ÜRGEN

bürgen
die Bürgen
erwürgen
verbürgen
würgen

ÜRGER-ERS

der Bürger
der Würger

ÜRGERN

einbürgern
den Würgern

ÜRIG-IGS

führig
rührig

ÜRLEIN-EINS

das Schnürlein
das Türlein

ÜRLICH-ICHS

ausführlich
figürlich
gebührlich
kreatürlich
natürlich
ungebührlich
unnatürlich
unwillkürlich
widernatürlich
willkürlich

ÜRME

die Stürme
ich stürme
ich türme
die Türme

ÜRMEN

bestürmen
stürmen (brausen)
stürmen (erobern

den Stürmen
den Türmen
türmen

ÜRMER

der Gipfelstürmer
der Stürmer
der Türmer
die Würmer

ÜRNEN

erzürnen
zürnen

ÜRSTCHEN-ENS

das Bürstchen
das Fürstchen
das Würstchen

ÜRSTE

die Bürste
ich bürste
ich dürste
der dürrste
die Würste

ÜRSTEN

bürsten
die Bürsten
die dürrsten
dürsten
die Fürsten
den Würsten

ÜRT

abgeführt
aufgespürt
berührt
eingeführt
entführt
gerührt
er schürt
er spürt
überführt
verführt

ÜRTEL

der Gürtel
der Wirtel

ÜRTIG-IGS

ebenbürtig
würdig

ÜRUNG

Ausführung
die Berührung
die Entführung
die Führung
die Irreführung
die Rührung

die Unterführung
die Verführung
die Verschnürung

ÜRZE

die Gewürze
die Fürze
die Kürze
die Schürze
die Stürze
ich stürze
ich verkürze
die Würze

ÜRZEN

abstürzen
einstürzen
hinunterstürzen
kürzen
schürzen
stürzen (fallen)
stürzen (fällen)
überstürzen
verkürzen
würzen

ÜRZUNG

die Bestürzung
die Kürzung
die Schürzung
die Überstürzung
die Verkürzung

ÜS-Üß

ich büß
die Füß'
das Gemüs'
grüß
küß
süß

ÜSCH

das Gebüsch
der Plüsch

ÜSCHE

die Büsche
die Rüsche

ÜS-CHEN

das Blüschen
das Drüschen
das Füßchen
das Müschen

ÜSE-ÜßE

die Analyse
ich büße
die Düse
die Drüse
die Füße
das Gemüse
die Grüße

ich grüße
die Kombüse
eine süße
die Süße

ÜSEN

büßen
begrüßen
einbüßen
zu Füßen
grüßen
süßen
verbüßen
versüßen

ÜSER

der Büßer
der Barfüßer
ein süßer

ÜSIG

büß ich
barfüßig
grüß ich
müßig
überdrüssig

ÜßCHEN

das Flüßchen
das Küßchen
das Nüßchen

ÜSSE

die Flüsse
die Genüsse
die Güsse
die Küsse
ich küsse
er müsse
die Nüsse
die Schüsse
die Schlüsse

ÜSSEL

der Rüssel
die Schüssel
der Schlüssel

ÜSSEN

den Flüssen
küssen
müssen
den Nüssen
den Schüssen

ÜSSIG

abschüssig
flüssig
schlüssig
überdrüssig
überflüssig
überschüssig
unschlüssig

ÜST

du blühst
er büßt
gesüßt
du glühst
er grüßt
du sprühst
verbüßt
wüst

ÜST

er küßt
das Gelüst
das Gerüst
ihr müßt
ungeküßt

ÜSTE

die Büste
die Brüste
die frühste
die Gelüste
die Küste
ich müßte
die Wüste
eine wüste
ich wüßte

ÜSTEN

sie büßten
die Büsten
die frühsten
sie grüßten
wüsten
sie süßten
verwüsten
die Wüsten

ÜSTEN

brüsten
entrüsten
gelüsten
die Küsten
sie müßten
rüsten
sie küßten
die ungeküßten
sie wüßten

ÜSTER

ein gssüßter
düster
der Rüster
ein wüster
ein verbüßter
ein versüßter
der Verwüster
wüster

ÜSTER

das Geflüster
ein geküßter
der Küster

der Lüster
die Nüster

ÜSTERN

flüstern
lüstern
die Nüstern
verdüstern

ÜSTIG

engbrüstig
rüstig
wollüstig

ÜSTLING

der Lüstling
der Wüstling

ÜSTUNG

die Brüstung
die Entrüstung
die Gelüstung
die Rüstung

ÜT-ÜHT

abgebrüht
er blüht
die Blüt'
er brüht
erblüht
ich ermüd
das Geblüt
das Gemüt
das Gestüt
es glüht
Gott behüt
müd
prüd
rüd
er sprüht
Süd
verblüht
verbrüht
verfrüht

ÜTCHEN

das Blütchen
das Gütchen
das Hütchen
das Tütchen

ÜTE

es blühte
die Blüte
zu Gemüte
Gott behüte!
die Güte
die Hüte
die Kajüte
die Mythe
er sprühte
die Tüte
ich vergüte

ÜTEN

die abgebrühten
die Blüten
behüten
brüten
hüten
vergüten
verhüten
wüten

ÜTER

der Behüter
die Gemüter
die Güter
der Hüter
ein Kaltblüter
der Ladenhüter
ein verblühter

ÜTIG

edelmütig
doldenblütig
gleichmütig
gütig
gutmütig
hochmütig
kaltblütig
sanftmütig
schwermütig
spitzhütig
wankelmütig
tollwütig

ÜTLICH

blüht ich
gütlich
gemütlich
ungemütlich

ÜTTCHEN

das Büttchen
das Hüttchen

ÜTTE

die Bütte
die Hütte
die Schütte
ich schütte
ich zerrütte

ÜTTEL

der Büttel
das Gerüttel
das Geschüttel
der Knüttel
die Tüttel

ÜTTELN

den Bütteln
niederknütteln
rütteln
schütteln
zusammenschütteln

ÜTTEN

aufschütten
ausschütten
die Bütten
einschütten
die Hütten
die Schütten
schütten
verhütten
verschütten
zerrütten

ÜTTER

die Mütter
schütter
ein lütter
der Zerrütter

ÜTTERN

erschüttern
füttern
den Müttern

ÜTTLER

ein Rüttler
der Schüttler

ÜTTERUNG

die Fütterung
die Erschütterung

ÜTTUNG

die Aufschüttung
die Ausschüttung
die Zerrüttung

ÜTUNG

die Hütung
die Vergütung
die Verhütung

ÜTZ

das Geschütz
nütz
die Mütz'
der Schütz
ich schütz
ich stütz
unnütz

ÜTZCHEN

das Mützchen
das Pfützchen
das Schützchen

ÜTZE

die Grütze
die Mütze
die Pfütze
ich nütze
der Schütze

ich schütze
die Stütze
eine unnütze

ÜTZEN

ausnützen
benützen
beschützen
die Mützen
nützen
schützen
stützen
die unnützen
unterstützen

ÜTZER

der Benützer
der Beschützer
ein unnützer
der Unterstützer

ÜTZIG

schlafmützig
gemeinnützig

ÜTZT

abgestützt
abgenützt
du benützt
geschützt
du schützt
du stützt
ungenützt

UF

der Aufruf
der Ausruf
der Behuf
der Beruf
der Huf
der Ruf
er schuf
Verruf
Widerruf

UFE

die Altersstufe
die Hufe
die Kufe
ich rufe
die Rufe
die Stufe

UFEN

abstufen
berufen
einstufen
die Kufen
rufen
sie schufen
die Stufen
unberufen
verrufen

UFER

ein Abrufer
das Ufer
der Rufer

UFF

der Bluff
der Knuff
der Muff
puff!
der Puff
der Suff
der Tuff

UFFE

ich knuffe
die Muffe
ich puffe
im Suffe

UFFEN

bluffen
knuffen
puffen
verpuffen

UFIG

hufig
kufig
stufig

UFT-UFFT

der Duft
die Gruft
die Kluft
die Luft
der Schuft
er knufft
er pufft
verpufft

UFTEN

duften
sie knufften
sie pufften
schuften
verduften

UFTIG-IGS

duftig
luftig
schuftig

UG

der Abzug
der Anzug
der Aufzug
der Auszug
der Betrug
der Bettbezug
der Bezug
der Bug

der Charakterzug
der Eilzug
der Einzug
der Fackelzug
der Federzug
der Feldzug
der Flaschenzug
der Flug
er frug
mit Fug
der Gedankenflug
genug
Gesichtszug
klug
der Kreuzzug
der Kriegszug
der Krug
der Luftzug
mit Lug (und Trug)
der Namenszug
der Pflug
der Raubzug
der Rückzug
der Schachzug
er schlug
der Schriftzug
der Sonderzug
der Streifzug
der Trauerzug
er trug
der Überzug
der Umzug
der Unfug
der Verzug
der Vogelzug
derVorzug
der Zug

UGE

die Fuge
im Fluge
die kluge
ich luge
in einem Zuge

UGEN

sie beschlugen
sie betrugen
sie bevorzugen
sie erschlugen
sie ertrugen
fugen
sie frugen
die klugen
lugen
sie schlugen
sie trugen
sie vertrugen
sie zerschlugen

UGEND

die Jugend
die Tugend

UGT

er bevorzugt

er lugt
ihr trugt
unbefugt

UHE-UE

das Getue
die Grabesruhe
die Ruhe
die Schuhe
die Seelenruhe
die Truhe
ich tue

UHEN

geruhen
muhen
ruhen
den Schuhen
die Truhen
tuen

UK

er buk
der Hexenspuk
der Spuk
der Teufelsspuk

UKE

die Kruke
die Luke
ich spucke

UKEN

sie buken
die Luken
spuken

UL-UHL

ich buhl
der Pfuhl
ich spul
der Stuhl
die Uhl (Eule)

ULD

die Geduld
die Huld
die Schuld
die Unschuld

ULDEN

dulden
erdulden
gedulden
der Gulden
die Mulden
die Schulden
verschulden

ULDET

geduldet
verschuldet

ULDIG-IGS

geduldig
muldig
schuldig
ungeduldig
unschuldig

ULDIGEN

beschuldigen
entschuldigen
dei Geduldigen
huldigen
die Schuldigen

ULDUNG

die Duldung
die Verschuldung

ULE

die Buhle
die Kuhle
die Schule
die Spule
die Suhle
Thule

ULEN

bestuhlen
buhlen
puhlen
schulen
spulen
suhlen
umbuhlen
verspulen

ULK

der Ulk
der Pulk

ULL

John Bull
das Mull
die Null
null

ULLE

die Ampulle
die Bulle
der Bulle
die Pulle
die Schatulle
die Schrulle
die Stulle

ULLEN

einlullen
die Nullen
pullen
die Schrullen
strullen

ULLERN

bullern
kullern
pullern

ULPE

die Nulpe
die Stulpe
die Tulpe

ULST

durchpulst
die Geschwulst
du lullst (ein)
du schulst
die Wulst

ULT

aufgespult
eingelullt
die Geduld
geschult
die Huld
der Katapult
der Kult
er lullt
okkult
das Pult
die Schuld
der Tumult
verbuhlt

ULTER

die Schulter
ein okkulter

ULZE

die Schnulze
der Schulze
die Sulze

UM-UHM

das Altertum
das Bistum
der Boom
das Bürgertum
das Eigentum
das Fürstentum
das Heiligtum
das Herzogtum
der Irrtum
das Judentum
der Reichtum
das Rittertum
der Ruhm
das Wachstum
das Witwentum

UM-UMM

das Aphrodisiakum
das Astrolabium
das Auditorium
das Basilikum

brumm!
darum
das Delirium
das Direktorium
dumm
das Elysium
das Evangelium
das Fluidum
das Gebrumm
das Gesumm
das Glossarium
das Gremium
das Gymnasium
das Harmonium
das Herbarium
herum
das Imperium
das Individuum
das Kalzium
das Kollegium
das Kolloquium
das Kompendium
das Kompositum (mixtum)
das Konzilium
das Konservatorium
das Kriterium
krumm
das Laboratorium
das Maximum
das Medium
das Minimum
das Ministerium
das Moratorium
das Narkotikum
das Natrium
das Observatorium
das Odium
das Opium
das Oratorium
das Panoptikum
das Pessarium
das Petrolium
das Planetarium
das Podium
das Praktikum
das Präsidium
das Publikum
das Refugium
ringsum
der Rum
rundum
das Sacrifiicium
das Sensorium
das Silentium
das Stadium
das Stipendium
das Studium
stumm
das Terrarium
das Trumm
um
das Unikum
das Vakuum
warum
worum
zum

UME

die Blume

im Heiligtume
die Krume
die Muhme
zum Ruhme

UMEN

die Blumen
die Krumen
das Lumen
die Muhmen
das Volumen

UMME

das Gebrumme
das Gesumme
eine dumme
der krumme
die Kumme
die Lumme
der stumme
die Summe
ich verdumme
ich verstumme

UMMEL

der Bummel
das Gefummel
die Hummel
die Pummel
der Rummel
der Stummel
ich tummel

UMMELN

befummeln
beschummeln
bummeln
einmummeln
fummeln
grummeln
den Hummeln
mummeln
schummeln
tummeln
verbummeln

UMMELT

befummelt
beschummelt
eingemummelt
er grummelt
er tummelt
verbummelt

UMMEN

aufbrummen
brummen
die dummen
die krummen
die stummen
die Summen
summen
verdummen
vermummen
verstummen

UMMER

der Brummer
ein dummer
der Hummer
ein krummer
der Kummer
die Nummer
der Schlummer
ein stummer
der Summer

UMMERN

den Brummern
entschlummern
schummern
schlummern
den Summern

UMMT-UMT

verdummt
vermummt
verstummt

UMMUNG

die Verdummung
die Vermummung

UMOR

der Humor
der Tumor

UMP

das Geklump
das Gelump
der Hump
der Klump
der Lump
plump
der Pump

UMPE

das Gelumpe
ich lumpe
ich pumpe
die Pumpe
eine plumpe

UMPEL

das Gehumpel
das Gerumpel
der Kumpel
der Rumpel
der Schrumpel
der Stumpel

UMPELN

humpeln
den Kumpeln
den Pumpeln
rumpeln
schrumpeln
überrumpeln

UMPEN

der Humpen
die Klumpen
die Lumpen (Stoffreste)
die Lumpen (Strolche)
lumpen
pumpen
die Pumpen
der Stumpen
verlumpen
verpumpen
zerlumpen

UMPF

dumpf
der Rumpf
der Sumpf
stumpf
der Stumpf
der Strumpf
der Trumpf
trumpf!

UMPFEN

abstumpfen
auftrumpfen
die dumpfen
schrumpfen
die stumpfen
sumpfen
übertrumpfen
versumpfen

UMPFIG

dumpfig
sumpfig

UMPFT

abgestumpft
bestrumpft
er schrumpft
er sumpft
übertrumpft
versumpft
zusammengeschrumpft

UMPIG

klumpig
lumpig

UMPLIG

humplig
pumplig
rumplig
schrumplig

UMSEN

bumsen
behumsen

UMT

aufgebrummt

er brummt
verdummt
vermummt
verstummt

UN-UHN

das Huhn
immun
interviewn
der Kattun
der Monsun
Neptun
nun
opportun
ruhn
der Taifun
der Tribun
die Truhn
tun
vertun

UND

der Befund
ich bekund
das Bund
der Bund
bunt
die Ehrenrund
der Fund
das Gebund
gesund
der Grund
der Hintergrund
der Höllenhund
der Hund
der Kindermund
kund
kunterbunt
der Lebensbund
der Mund
der Plappermund
das Pfund
profund
rund
das Rund
der Schlund
der Schund
der Schweinehund
der Schwund
der Spund
zur Stund
der Sund
der Untergrund
der Vagabund
der Vormund
wund

UNDBAR

kundbar
verwundbar

UNDE

die Abendstunde
die Befunde
die Ehrenrunde
die Freundesrunde

die Geisterstunde
im Grunde
die Kunde
die Urkunde
die Morgenstunde
im Munde
die profunde
die Runde
die Rotunde
die Schrecksekunde
die Schreckenskunde
die Sekunde
die Sterbestunde
die Stunde
die Tafelrunde
die Wunde
zugrunde

UNDEN

abrunden
angebunden
bekunden
bevormunden
entschwunden
erkunden
gebunden
gefunden
geschunden
geschwunden
gesunden
gewunden
den Hunden
die Kunden
munden
stunden
überrunden
ungebunden
unumwunden
verbunden
verschwunden
verwunden
die Wunden

UNDER

der Burgundert
der Erkunder
die Flunder
ein gesunder
der Holunder
der Plunder
ein profunder
ein runder
der Verwunder
ein wunder
das Wunder
der Zunder

UNDERN

bewundern
den Holundern
sich wundern
den Wundern

UNDERT

bewundert
hundert

das Jahrhundert
verwundert
er wundert (sichd)

UNDET

abgerundet
bekundet
gestundet
er gesundet
es mundet
er überrundet
verwundet

UNDIG

kundig
offenkundig
pfundig
schrundig
schundig

UNDLICH

urkundlich
rundlich

UNDUNG

die Bekundung
die Erkundung
die Gesundung
die Rundung
die Stundung
die Verwundung

UNDUS

der Fundus
ein Lumpazivagabundus
der Moribundus

UNE

die Harpune
eine immune
die Kommune
die Lagune
die Rune

UNEN

die Kommunen
die Harpunen
die Lagunen
die Tribunen

UNFT

die Abkunft
die Ankunft
die Auskunft
die Brunft
die Herkunft
die Niederkunft
die Unterkunft
die Vernunft
die Unvernunft
die Zukunft
die Zunft
die Zusammenkunft

UNG

die Änderung
die Äußerung
die Aufmunterung
die Bändigung
die Beeinträchtigung
die Beerdigung
die Befähigung
die Befestigung
die Befriedigung
die Begeisterung
die Beglaubigung
die Begnadigung
die Begünstigung
die Beherzigung
die Bekräftigung
die Belästigung
die Beleidigung
die Belustigung
die Benachrichtigung
die Berechtigung
die Bereicherung
die Berichtigung
die Beruhigung
die Besänftigung
die Beschädigung
die Bescheinigung
die Beschleunigung
die Beschönigung
die Beseitigung
die Besserung
die Besteuerung
die Betätigung
die Beteiligung
die Bevölkerung
die Bewältigung
die Bewilligung
die Dämmerung
die Demütigung
der Dung
die Einbürgerung
die Einigung
die Einschüchterung
die Erbitterung
die Erheiterung
die Erinnerung
die Erkundigung
die Erläuterung
die Erleichterung
die Erledigung
die Ermäßigung
die Ermunterung
die Erniedrigung
die Erörterung
die Eroberung
die Erschütterung
die Fertigung
die Feuerung
die Forderung
die Förderung
die Folgerung
die Fütterung
die Genehmigung
die Genugtuung
die Gliederung
die Huldigung
jung
die Kräftigung
die Kreuzigung

die Kündigung
die Lagerung
die Läuterung
die Lästerung
die Lieferung
die Linderung
die Lockerung
die Mäßigung
die Mischung
die Musterung
die Neuerung
die Niederung
die Nötigung
die Opferung
die Peinigung
die Polsterung
die Quittung
die Regelung
die Reinigung
die Sättigung
die Säuberung
die Schädigung
die Schilderung
die Schmälerung
der Schwung
der Seitensprung
die Sicherung
der Sprung
die Staffelung
die Steinigung
die Steuerung
die Teuerung
die Überlieferung
die Überwältigung
die Verbesserung
die Verbrüderung
die Verdächtigung
die Verdeutlichung
die Verdunkelung
die Veredelung
die Vereinfachung
die Vereinigung
die Vereinzelung
die Verfeinerung
die Vergeisterung
die Vergewaltigung
die Vergewisserung
die Vergötterung
die Vergröberung
die Vergrößerung
die Vergünstigung
die Verhätschelung
die Verheimlichung
die Verherrlichung
die Vervielfachung
die Verjüngerung
die Verketzerung
die Verkleinerung
die Verknöcherung
die Verkörperunng
die Verköstigung
die Verkrüppelung
die Vermenschlichung
die Vermittlung
die Vernachlässigung
die Vernichtung
die Verniedlichung
die Verschlechterung
die Verschönerung
die Verschwisterung

die Verständigung
die Versteinerung
die Veruntreuung
die Verweichlichung
die Verweltlichung
die Verwilderung
die Verwirklichung
die Viertelung
die Wanderung
die Weigerung
die Weiterung
die Würdigung
die Zersplitterung
die Züchtigung

UNGE

die Bunge
der Junge
das Junge
die Lunge
im Schwunge
dem Sprunge
die Zunge

UNGEN

ausbedungen
die Bedingungen
durchdrungen
mit Engelszungen
entsprungen
erzwungen
gedrungen
gedungen
gelungen
geklungen
geschlungen
geschwungen
gezwungen
die Jungen
mißlungen
notgedrungen
sie sprungen
ungezwungen
verklungen
verschlungen
die Wanderungen
die Zungen

UNGER

das Herumgelunger
der Hunger
ein junger

UNGERN

ungern
hungern
lungern
verhungern

UNK

der Funk
der Prunk
der Halunk'
der Strunk
der Trunk

UNKE

die Dschunke
der Funke
der Halunke
ich prunke
die Spelunke
die Tunke
die Unke

UNKEL

dunkel
das Dunkel
ein Furunkel
das Gefunkel
das Gemunkel
das Geschunkel
ein Karbunkel
das Karfunkel
die Kunkel
ich munkel
die Runkel
die Ranunkel
die Runkel
ich schunkel

UNKELN

dunkeln
im Dunkeln
funkeln
munkeln
schunkeln
verdunkeln

UNKEN

betrunken
erstunken
ertrunken
der Funken
funken
gestunken
liebestrunken
prunken
tunken
trunken
die Unken
versunken
wonnetrunken

UNKER

der Bunker
der Funker
das Geflunker
der Junker
die Klunker

UNKLE

ich verdunkle
ich funkle
ich kunkle
ich munkle
ich schunkle

UNKT

der Adjunkt

er funkt
der Kontrapunkt
der Punkt
der Scheitelpunkt
der Wendepunkt
er unkt

UNNEN

der Brunnen
die Hunnen

UNSCH

der Flunsch
der Punsch
der Wunsch

UNST

die Brunst
der Dunst
die Feuersbrunst
die Gunst
die Kunst

UNSTEN

verdunsten
zu Gunsten

UNT

bunt
(dazu und)

UNTE

die bunte
die Lunte

UNTEN

unten
drunten
die bunten
die Lunten

UNTER

ein bunter
darunter
ich ermunter
herunter
hinunter
kopfunter
mitunter
munter
putzmunter
der Unter
unter

UNTERST

zuunterst
du ermunterst

UNZE

das Gegrunze
ich grunze

die Punze
die Unze
ich verhunze

UNZEL

die Funzel
das Geschmunzel
die Runzel
die Rapunzel

UNZELN

die Funzeln
runzeln
schmunzeln

UNZEN

brunzen
grunzen
punzen
die Unzen
verhunzen

UP-UPP

der Sirup
Vortrupp

UPE

das Gehupe
die Hupe
die Lupe

UPEL

der Quadrupel
der Skrupel

UPF

der Gugelhkupf
ein Hupf
der Tupf
der Unterschlupf

UPFEN

hupfen
lupfen
rupfen
schnupfen
der Schnupfen
tupfen
der Tupfen
zupfen

UPFER

der Hupfer
das Kupfer
der Rupfer
der Schnupfer
der Zupfer

UPP

der Club
schwubb

die Supp'
der Trupp

UPPE

die Gruppe
die Kuppe
die Puppe
die Schaluppe
die Schuppe
schnuppe
die Sternschnuppe
die Suppe
die Truppe

UPPELN

kuppeln
verkuppeln

UPPEN

sich entpuppen
entschuppen
die Gruppen
die Kuppen
schuppen
die Schuppen
sich verpuppen

UPPERN

beschnuppern
knuppern
schnuppern

UPPIG

puppig
ruppig
schuppig
struppig

UPPT-UPT

abrupt
geschuppt
korrupt
verpuppt

UR-UHR

die Advokatur
die Agentur
l'amour
die Architektur
die Armatur
der Aufruhr
azur
mit Bravour
die Blessur
die Diktatur
die Dressur
die Dur
die Figur
die Flur
die Franktur
die Frisur
die Garnitur
die Glasur
die Gravur

die Inventur
à jour
die Kandidatur
die Karikatur
die Klausur
die Klaviatur
die Koloratur
die Kommandantur
die Konjunktur
die Kontur
die Korrektur
die Kreatur
die Kultur
die Kur
die Lasur
die Literatur
die Makulatur
die Manufaktur
die Mensur
der Merkur
die Miniatur
die Mixtur
die Montur
die Natur
die Nomenklatur
nur
obskur
der Pandur
die Partitur
die Politur
die Positur
die Präfektur
die Professur
die Prozedur
pur
der Purpur
die Quadratur
die Rasur
die Registratur
die Reparatur
retour
die Ruhr
die Schur
die Schnur
der Schwur
die Signatur
die Skulptur
die Spur
die Statur
die Struktur
die Stukkatur
stur
der Tambour
die Tastatur
die Temperatur
die Tinktur
die Tortur
die Tour
der Troubadour
die Uhr
das Ur
das Velour
die Zäsur
die Zensur
zur

URCH

durch
der Lurch

URCHE

die Furche
die Lurche

URE

die Fuhre
die Hure
die Lemure
die Lure
die Mure
eine obskure
die Sure
die Troubadoure

UREN

die Amouren
die Auguren
sie erfuhren
die Fluren
sie fuhren
huren
die Kraturen
sie schwuren
spuren
die Sturen
die Uhren
sie verfuhren

URF

der Auswurf
der Einwurf
der Entwurf
ich kurv
ich schlurf
der Turf
der Wurf

URFE

die Kurve
ich schlurfe

URG

die Burg
der Chirurg
der Demiurg
der Dramaturg

URGISCH

chirurgisch
demiurgisch
dramaturgisch
liturgisch

URIE

die Furie
die Injurie
die Kurie

URKE

die Gurke
der Schurke

URKIG-IGS

gurkig
schurkig

URM

der Sturm
der Turm
der Wurm

URNE

die azurne
die purpurne
die Urne

URRE

das Geknurre
die Schnurre

URREN

gurren
knurren
murren
schnurren
surren
zurren

URRIG

knurrig
schnurrig

URRS-URS

der Diskurs
der Kurs
der Konkurs

URST

der Durst
du knurrst
du murrst
die Wurst

URSTEN

dursten
verwursten

URSTIG

durstig
wurstig

URRT-URT

absurd
die Furt
die Geburt
der Gurt
er schnurr
ihr schwurt
er spurt
der Spurt
er surrt
verhurt

URTEN

sie gurrten
den Gurten
die Furten
sie schnurrten
sie spurten
die verhurten

URZ

der Furz
kurz
der Kassensturz
der Lendenschurz
der Schurz
schnurz
der Sturz
des Sppurts
der Wettersturz
die Wurz

URZEL

das Gepurzel
der Sturzel
die Wurzel

URZELN

entwurzeln
purzeln
wurzeln
verwurzeln
die Wurzeln

URZELT

entwurzelt
gepurzelt
er purzelt
verwurzelt

US/Uß

abstrus
bist du's
der Blues
diffus
des Filous
der Fuß
ds Geschmus
der Gruß
konfus
das Mus
der Ruß
der Schmus

US-Uß

der Abschluß
der Anschluß
der Aufguß
der Ausschluß
der Ausschuß
der Autobus
der Beschluß
der Beschuß
der Bus
der Cerberus
der Erguß

der Entschluß
der Fidibus
der Fluß
der Genius
der Genuß
der Gruß
der Guß
der Habitus
der Ikarus
der Koitus
der Kuß
der Musikus
das Muß
ich muß
der Numerus
der Nuntius
die Nuß
der Obolus
der Omnibus
der Ordinarius
der Pegasus
der Pfiffikus
das Plus
der Radius
der Ratschluß
der Schluß
der Schuß
der Sozius
der Spiritus
der Syndikus
der Stuß
der Tantalus
der Überdruß´
der Überfluß
der Überschuß
der Uterus
der Verdruß
der Verschluß
der Zerberus

USCH

der Busch
im Husch
kusch!
der Pfusch
das Rouge
der Tusch
ich verpfusch
ich vertusch
er wusch

USCHE

die Babusche
im Busche
die Gusche
die Kartusche
ich kusche
die Lusche
die Retusche
die Tusche
ich verpfusche

USCHEL

das Gekuschel
das Gemuschel
das Genuschel
das Getuschel

ich kuschel
die Muschel
ich tuschel
das Wuschel

USCHELN

kuscheln
die Muscheln
nuscheln
tuscheln

USCHEN

huschen
kuschen
die Luschen
pfuschen
tuschen
verpfuschen
vertuschen

USE-UßE

eine abstruse
die Bluse
die Buße
die Druse
die Fluse
am Fuße
das Geschmuse
zum Gruße
die Hypothenuse
das konfuse
die Muse
die Muße
die Pampelmuse
ich schmuse
ich verknuse

USEL

der Dusel
der Fusel

USELN

beduseln
fuseln
gruseln

USEN

die Blusen
der Busen
die Medusen
schmusen
verknusen

UßEN

die Bußen
fußen
rußen
verrußen

USIG

hochbusig
rußig

USKEL

die Majuskel
der Muskel

USLICH-ICHS

schußlich
dußlich

USSE

dem Flusse
die Busse
der Russe
dem Schlusse
zum Verdrusse

USSEL

das Biusel
der Dussel
das Fussel
der Schussel

USSELIG

dusselig
fusselig
schusselig

UST

August
bewußt
die Brust
er fußt
gemußt
gewußt
die Heldenbrust
just
die Liebeslust
die Lust
du mußt
robust
du ruhst
er rußt
er schmust
die Sinnenlust
umschmust
unbewußt
unterbewußt
der Verlust
der Wust
ich wußt

USTE

der bewußte
die Kruste
die Languste
er mußte
die Puste
der robuste
die Verluste
er wußte

USTEN

die bewußten

der Husten
husten
prusten
pusten
schmusten
sich verpusten

USTER

ein bewußter
duster
das Muster
der Schuster
ein verrußter

USTERN

aufplustern
im Dustern
den Schustern
schustern

USTIG-IGS

lustig
verlustig

USTRE

eine illustre
ich mustre

UT-UTT

der Butt
kaputt
Liliput
das Mammut
der Schutt
die Redoute

UT-UHT

absolut
akut
die Anmut
die Armut
das Attribut
ausgeruht
beschuht
das Blut
die Brut
der Disput
der Demut
die Flut
er geruht
der Großmut
die Glut
gut
das Gut
die Hut
der Hut
das Institut
der Jud
der Langmut
der Mut
die Nut
der Rekrut
resolut
der Salut

die Sanftmut
die Schwermut
der Skorbut
das Statut
der Substitut
der Sud
der Tribut
der Tunichtgut
er tut
der Übermut
ich vermut
der Wankelmut
die Wehmut
der Wermut
das Wismut
wohlgemut
die Wut
zumut

UTE

ich blute
im Blute
das Getute
der Gute
die Jute
der Kanute
die Knute
die Minute
die Nute
die Pute
die Route
er ruhte
die Rute
die Schnute
die Stute
die Tute
die Vedute
die Wünschelrute
die Zuckerschnute
zugute
zumute

UTEN

bluten
fluten
die Fluten
im Guten
die Minuten
muten
das Nasenbluten
sie ruhten
die Spießruten
sputen
tuten
überfluten
verbluten
vermuten
zumuten

UTET

es blutet
ihr ruhtet
es tutet
überflutet
verblutet
vermutet
zugemutet

UTIG

blutig
mißmutig
mutig
wutig

UTSCH

futsch
das Geknutsch
das Gelutsch
ich knutsch
ich lutsch
der Putsch
rutsch!
der Rutsch

UTSCHE

das Geknutsche
das Gelutsche
ich knutsche
die Kutsche
ich lutsche
die Rutsche

UTSCHEN

herumkutschen
knutschen
die Kutschen
lutschen
putschen
rutschen

UTSCHER

der Kutscher
der Lutscher
der Rutscher

UTT

der Butt
der Dutt
kaputt
das Perlmutt
der Schutt

UTTE-UTE

die Butte
die Hagebutte
die Kutte
die Nutte
die Putte

UTTER

die Butter
das Futter
ein kaputter
der Kutter
die Mutter (des Kindes)
die Mutter (Schraube)

UTTERN

bemuttern
buttern

futtern
zubuttern

UTTERT

bemuttert
er futtert
vollgefuttert
zugebuttert

UTUNG

die Blutung
die Überflutung
die Vermutung
die Zumutung

UX

die Bux
die Crux
der Jux

UTZELN

brutzeln
verhutzeln
zuzeln

UTZ-UZ

der Eigennutz
Nichtsnutz
der Putz
der Schutz
der Schmutz
der Stutz
der Trutz

UTZEN

benutzen
beschmutzen
der Butzen
nutzen
der Nutzen
putzen
der Stutzen
stutzen
trutzen
verputzen
verschmutzen

UTZEND

das Dutzend
benutzend
putzend
trutzend

UTZER-ERN-ERS

der Benutzer
der Putzer
der Revoluzzer
der Stutzer

UTZIG

nichtsnutzig

putzig
schmutzig
stutzig
trutzig

UTZT

abgenutzt
angeputzt
aufgemutzt
beschmutzt
geputzt
gestutzt
er nutzt
er putzt
ungenutzt
verdutzt
verschmutzt
zugestutzt

UTZUNG

die Benutzung
die Nutzung
die Verschmutzung

UZ

ich duz
die Kapuz
der Uz

UZEN

duzen
die Kapuzen
uzen